Pfändung und Sicherung
von
Lohn und Gehalt
in Gegenwart und Zukunft.

Reformvorschläge

von

Justizrat Georg Meyer,
Rechtsanwalt bei den Königl. Landgerichten Berlin.

Berlin 1914.
J. Guttentag, Verlagsbuchhandlung,
G. m. b. H.

Inhaltsübersicht.

Einleitung.

Über die Notwendigkeit einer Reform des Gesetzes.

Im Jahrgange 54 der „Beiträge zur Erläuterung des Deutschen Rechts" hat der Landrichter Daniel Cohn ausführlich die Notwendigkeit einer Reform des Lohnbeschlagnahmerechts erörtert [1]); drei Punkte sind es, die er behandelt: „Die richtige Begrenzung der Lohnbeschlagnahme im allgemeinen", „Die Notwendigkeit einer entsprechenden Sicherung des ausgezahlten Lohnes" und „Die Notwendigkeit einer entsprechenden Sicherung der Pensionen".

So sicher eine Reform des Lohnbeschlagnahmerechts bei diesen drei Hauptpunkten einzusetzen hat, so sicher darf sie bei denselben nicht Halt machen, wenn anders eine Reform der Materie „an Haupt und Gliedern", wie der Verfasser selbst sie verlangt, zustande kommen soll.

Und das ist dringend erforderlich. Das Gesetz erweist sich nicht mehr auf der Höhe seiner Aufgabe. Seine bescheidene Größe steht in umgekehrtem Verhältnisse zu seiner großen Bedeutung im Wirtschaftsleben. Seine wenigen Bestimmungen zeigen, weit entfernt, eine Antwort in vielen Fragen des täglichen Lebens zu geben, nicht einmal den Weg zu deren Beantwortung und haben daher eine große Unsicherheit nicht nur bei den Millionen von Arbeitenden der verschiedensten Klassen hervorgerufen, die aus dem Gesetze Belehrung in den sie betreffenden Fragen schöpfen wollen, sondern bereiten auch der richtigen Auslegung und Anwendung durch den Richter recht bedeutende Schwierigkeiten. Sie geben seinem subjektiven Ermessen einen viel zu weiten Spielraum für seine Entscheidung und haben auf

[1]) „Über die Notwendigkeit einer Reform des Lohnbeschlagnahmerechts." Sonderabdruck. Berlin 1910.

diese Weise heute nach mehr als vierzigjähriger Geltungsdauer noch nicht eine Einheitlichkeit der Rechtsprechung in allen wichtigen Fragen gezeitigt, was um so bedauerlicher ist, als die Ausschaltung des Reichsgerichts als oberste Spruchinstanz die Ausfüllung von Lücken im Gesetze sowie die Aufstellung von einheitlichen grundlegenden Rechtsgrundsätzen des Lohnbeschlagnahmerechts unmöglich macht.

Dazu enthält das Gesetz große unsoziale Härten, die die eingangs erwähnte Abhandlung schon dargelegt hat; es trägt den heutigen komplizierten Erwerbsverhältnissen, dem veränderten Wirtschaftsleben der Zeit nicht in ausreichender Weise Rechnung, gestaltet Nebensächliches zu Hauptsächlichem und erhebt Zufälliges zu Notwendigem, Zwingendem.

Aber über diesem Tadel der Mängel, welche das Gesetz enthält, dürfen wir nicht seine Vorzüge vergessen, die Errungenschaften und Segnungen, welche es als großen juristischen und kulturellen Fortschritt erscheinen lassen und es zu einem unumgänglich notwendigen Bestandteil unserer Gesetzgebung gemacht haben.

In richtiger Erkenntnis der wichtigen Aufgabe, welche der Arbeitsvergütung als einzigem Mittel zur Erhaltung der wirtschaftlichen Persönlichkeit des Arbeiters zukommt, brachte es als erstes den Gedanken der Sicherung des Arbeitsentgelts trotz aller Schwierigkeiten, welche der Umsetzung des Gedankens in die Wirklichkeit von seiten der Juristen sich in den Weg stellten, zur Durchführung, es „schöpfte dabei nicht aus verdunkelten Regeln des Rechts, sondern aus der frischen Quelle der berichtigten Anschauungen über den Kredit, die Exekution und die Wechselwirkung beider ein neues Recht“ [1]). Es war das Deutsche Lohnbeschlagnahmegesetz das erste, das den Arbeitenden durch genaue Feststellung dessen, was man ihm nehmen darf und belassen muß, ausgiebig davor schützte, durch eine Zwangsvollstreckung dem wirtschaftlichen und damit auch dem moralischen Ruin preisgegeben zu werden, und ist vorbildlich geworden für die Gesetzgebung der meisten Kulturstaaten. Sein Grundgedanke — Schutz des Arbeitsentgelts, wenn er den Kern der wirtschaftlichen Lebensbedingungen des Arbeitenden bildet — ist ein gesunder, auf dem sich gut

[1]) StenBer. über Verhandlungen des Reichstages, Session 1869, III, S. 582.

weiterbauen läßt, und der Plan für diesen Bau soll hier entwickelt werden. Er muß ein schützendes Dach weiteren Personenklassen und Arbeitsentgelten gewähren, auf breiterer Grundlage als bisher aufgeführt, auch gewissermaßen in die Länge und Höhe weitererstreckt, aber auch in bezug auf die Maße, die Dimensionen und Proportionen wie jeder Bau genauer Prüfung unterzogen werden.

Auf diese Weise gelangen wir zunächst zur Erörterung der gesetzlichen Normen über die Beschlagnahme der Arbeitsvergütung nach drei Richtungen und betrachten die Person und weiter die Sache, die schutzbedürftig, und alsdann den Umfang, in welchem der Schutz in verschiedenen Fällen einzutreten hat. Alsdann soll in einem zweiten Teile der Plan für den Ausbau des Gebäudes entwickelt werden, die Lohnsicherung in Verträgen und Verfügungen des Arbeitenden gegenüber dem Arbeitgeber und dritten Personen.

Teil I.

Der Schutz der Arbeitsvergütung gegen Beschlagnahme.

Kapitel I.

Schutzbedürftige Personen.

Viele Millionen von Staatsbürgern arbeiten für andere; die wenigsten unter ihnen stehen aber in freier unabhängiger Stellung den Arbeitgebern gegenüber. Die Beziehungen sind überwiegend andere. Der Dienstbote, Lehrling, Geselle, Fabrikarbeiter, überhaupt die vielen im Haushalte, in Landwirtschaft, Industrie und Handel beschäftigten Personen verrichten für Tage, Wochen, Monate und Jahre meist nicht bei sich, sondern dem Arbeitgeber nach seinem Befehle gleichartige, in sich zusammenhängende Arbeiten, müssen der Lebensordnung desselben oder der Technik, der Arbeitsteilung des Betriebes sich eingliedern und unterordnen, den dort herrschenden Sitten wie den Anordnungen des Unternehmers und der Beamten sich fügen. Ihre Lebensführung, ja ihre ganze Existenz ist durch das Geschäft, in dem sie tätig sind, und die Stelle, welche sie bekleiden, bedingt. Und wenn sie auch frei sind in der Wahl der Arbeitgeber, in dem zugelassenen Kampfe um bessere Arbeitsbedingungen und höheren Lohn und wenn auch Zivil- und Verwaltungsrecht, Tarifverträge und neue Sitten einen immer größeren Teil der Vertragsbedingungen dauernd oder zeitweise, orts- und berufsweise festlegen und den Inhalt dieser Verträge im Interesse der Arbeiter, insbesondere der Schwachen, zu vervollkommnen bestrebt sind, so kann es doch trotzdem nicht ausbleiben, daß sie in eine Abhängigkeit vom Arbeitgeber kommen, die allerdings sehr verschieden geartet sein kann. Sie erscheint beim Dienstboten, Knecht, gewerblichen Arbeiter als unbedingte Botmäßigkeit, welche in einer Gehorsamspflicht gegen den Dienst- und Arbeitsherrn besteht; sie tritt beim kaufmännischen Angestellten und im Privatdienste Beschäftigten in seiner Verpflichtung zutage, sich der Leitung und Anordnung des Arbeitgebers in mehr oder minder großem Umfange bezüglich der Arbeitsleistung und des persönlichen Verhaltens in und außerhalb der Betriebs- oder Arbeitsstätte unterzuordnen. Diese persönliche Abhängigkeit wird gewöhnlich neben der Stetigkeit der Leistungen als das Begriffsmerkmal der geschilderten Beziehungen zwischen Arbeiter und Arbeitgeber angesehen, welche als Arbeits- und Dienstverhältnis[1]) im LBG. und späteren Gesetzen bezeichnet werden. Sie ist es auch wohl, wie allgemein anerkannt wird[2]). Aber nicht um dieser Eigenschaft willen schützt das LBG.

---

[1]) Es versteht darunter einen Arbeits- und Dienstvertrag von einer gewissen Dauer, der zur Leistung wiederkehrender Arbeiten und Dienste innerhalb eines bestimmten Geschäftskreises des Arbeitgebers bzw. Dienstherrn verpflichtet (RG. Bd. 71 S. 235 f.).

Unter Arbeitsverhältnis wird ein Verhältnis verstanden, in welchem niedere, meist körperliche, durch Lohn abzugeltende Arbeiten geleistet werden, als Dienstverhältnis dagegen ein solches bezeichnet, welches höhere technische, geistige, kaufmännische, schöpferische, künstlerische usw. Leistungen zutage fördert. — Unter den Begriff „Arbeitsverhältnis" fallen auch die Werkverträge, allerdings nicht gelegentliche einzelne (Busch Zeitschrift Bd. 7 S. 111), wohl aber solche, welche auf die Dauer angelegt, also mit der Absicht geschlossen sind, in dauernder Verbindung miteinander zu bleiben, und bei denen der Verpflichtete, wenn auch nicht Bediensteter des Arbeitgebers ist, so doch dem Direktionsrecht des Bestellers in Hinsicht auf die Ausführung der Arbeit in mehr oder weniger großem Umfange unterworfen ist. Ebenso Sinzheimer, Lohn- und Aufrechnung, S. 41, und die dort Zitierten; a. M. Pick S. 35 fg. und Seuffert, ZPO. § 850 Anm. 3a. Beispiele bilden der Milchhändler, der mit seinem nur kurze Zeit des Tages für sein Geschäft benutzten Fuhrwerke einem Bauunternehmer ständig Materialien nach den Bauten schafft (OLG. Bd. 22 S. 381), der Schriftsteller, der in bestimmten Zeitabschnitten für eine Zeitung Artikel handelspolitischen oder feuilletonistischen Inhalts zu liefern hat, und andere (vgl. mein „Recht der Beschlagnahme" IV. Aufl., S. 39). — Daß die Vorschriften des LBG. auch auf solche Werkverträge bezogen werden sollten, ergibt § 3 Abs. 2 des Gesetzes, ganz abgesehen davon, daß der Gesetzgeber bei Durchführung der großen, von ihm verfolgten Gesichtspunkte nicht vor dem hier ziemlich bedeutungslosen, sich immer mehr verwischenden (Lotmar a. a. O. II, S. 880 f.) Unterschiede von Dienst- und Werkvertrag haltmachen wollte (Staudinger, Einführung norddeutscher Justizgesetze als Reichsgesetze in Bayern, S. 159).

[2]) Nur das Kammergericht hat in einer Entscheidung vom 24. Februar 1909 (OLG. Bd. 19 S. 14) den Mangel an Selbständigkeit als Begriffsmerkmal des Arbeits- und Dienstverhältnisses im Sinne des Lohnbeschlagnahmegesetzes ge-

die Vergütung der in einem solchen Verhältnisse stehenden Personen gegen Beschlagnahme; denn sie steht in gar keinem Zusammenhange mit dem Schutzbedürfnisse der Arbeitsbezüge des einzelnen, geschweige, daß sie ein solches rechtfertigte oder gar notwendig machte. Das Gesetz sichert den Arbeitern die Bezüge wegen der wirtschaftlichen Abhängigkeit, in der sie sich vom Arbeitgeber befinden, zu: sie ist es, welche recht eigentlich die Grundlage, das Schwergewicht für das Arbeits- und Dienstverhältnis bildet, sie drückt den Beziehungen erst den Stempel auf; im Vergleiche zu ihr tritt die persönliche Stellung des Arbeitenden zum Arbeitgeber mehr als nebensächlich in den Hintergrund. Es ist diese wichtige Erkenntnis in das Wesen des Arbeits- und Dienstverhältnisses nie deutlich zum Ausdruck gekommen, weder

---

leugnet und den Beweis hierfür aus der Entstehungsgeschichte des Gesetzes zu erbringen gesucht. Abgesehen davon, daß dieser Geschichte nicht zuviel Beweiskraft zugesprochen werden darf, beweist sie aber auch nichts für die Ansicht des Gerichts.

Richtig ist, daß der Regierungsentwurf im § 1 nur von Lohn der Fabrik-, Berg- und Hüttenarbeiter, der Gesellen, und Gewerbegehilfen sowie der Dienstboten handelt, und § 7 die Bestimmung des § 1 auf die Vergütung anderer als der daselbst bezeichneten Personen beziehen wollte, sofern diese in einem dauernden Verhältnisse standen, welches ihre Gewerbetätigkeit vollständig oder hauptsächlich in Anspruch nimmt; richtig auch, daß § 7 nach dem Beschlusse der Reichstagskommission, welche das Gesetz auf ganz anderer Grundlage aufbaute, in § 1 des Gesetzes aufging, aber gerade der von der Kommission neu geprägte und neu eingefügte Begriff des Arbeits- und Dienstverhältnisses sollte eine wesentliche Voraussetzung für die Anwendung des Gesetzes bilden, und es ist nicht anzunehmen, daß dieser Begriff für bedeutungslos und gleichbedeutend mit Vertragsverhältnis gehalten wurde. — Auch die Ausführung des Berichtes (StenBer. S. 586), welche den Sinn der gewollten Fassung erläutert, ergibt nicht eine erschöpfende Definition des Begriffes, nur etwas einer solchen ähnliches. Sollte danach auch die Beschaffenheit der Person und ihrer persönlichen Dienste für die Anwendung des Gesetzes ebensowenig entscheidend sein wie die besondere Art von Lohn, so war damit nur das Fortlassen der Aufzählung bestimmter, im § 1 des Entwurfes einzeln benannter Kategorien von Personen erklärt und nicht die Vergütung für persönliche Arbeitsleistung aus einem stetigen Arbeitsverhältnis im weitesten Umfang unter Preisgabe des Prinzips des § 1 des Entwurfes den Pfändungsbeschränkungen des § 1 unterstellt. — Schließlich sollte doch auch nach § 7 der § 1 stets sinngemäß angewendet werden (StenBer. I S. 75/76) und dieser drückte den Grundgedanken des Gesetzes aus, daß nur Bezüge solcher Personen, die nicht selbst Unternehmer, also unselbständig sind, der Wohltat des Gesetzes teilhaftig werden sollten (aaO. S. 73).

in den Materialien[1]) zu dem Gesetze, obgleich dieses erst für das deutsche Recht[2]) den besagten Ausdruck prägte, noch in der Rechtsprechung des Reichsgerichts, welches sich mit dem Begriffe und seinen Tatbestandsmerkmalen zu beschäftigen wiederholt Gelegenheit hatte[3]).

Die Einschränkung des gesetzlichen Beschlagnahmeverbots auf die wirtschaftlich abhängigen Arbeiter hat eine volle innere Berechtigung: In seinem Arbeitseinkommen verdient nur derjenige geschützt zu werden, der in einem stetigen Verhältnisse zu einem bestimmten Arbeitgeber steht, dessen Arbeitsleistung mit seiner gesamten wirtschaftlichen Existenz in erschöpfendem Zusammenhange steht, und der, aus seiner Stellung — etwa durch Pfändung oder Vorenthaltung seines Lohnes — herausgerissen, daher Gefahr läuft, brotlos zu werden, weil er zunächst der Notwendigkeit preisgegeben ist, sich ein neues Auskommen suchen zu müssen, und der Ungewißheit überlassen ist, ob er bald eine neue Brotstelle findet.

Diesem wirtschaftlich abhängigen Arbeiter — im weitesten Sinne des Wortes genommen —, der in der Regel, soweit sein Jahreseinkommen 1500 M. nicht übersteigt, daneben weder Einkünfte noch Mittel hat, seine Einnahmen zu ergänzen, aber auch nur ihm will das Gesetz seinen Lohn sichern. Ist doch der Lohn in der überwiegenden Mehrzahl der Fälle das einzige Mittel zur Erhaltung seiner Persönlichkeit!

---

[1]) Bei den Beratungen des Gesetzes deutet darauf höchstens eine Stelle der Ausführungen des Berichterstatters, Abgeordneten Lasker (StenBer. II S. 910), hin, wo es heißt: „Die Kommission hat sich auf diejenigen Verhältnisse beschränkt, wo die Schutzbedürftigkeit um deswillen vorliegt, weil derjenige, der in einem stetigen Arbeits- und Dienstverhältnisse steht, nicht in der Lage ist, nach seinem Belieben den verdienten Lohn in Empfang zu nehmen, sondern eben nach Gewohnheit warten muß, bis sich gewisse Summen ansammeln, welche nach unrichtiger Logik bereits für Kapital gehalten werden, nach richtiger Logik aber und infolge der Zwangsverhältnisse in Wahrheit nicht Kapital sind, sondern immer noch Arbeit, deren Produkt aus äußeren Umständen nicht hat realisiert werden können . . . Es sollten die Exekutionsvollstreckungen nur auf Kapital sich beziehen dürfen und nicht auf Arbeit, welche einen Teil der menschlichen Kraft ausmacht."

[2]) Im österreichischen Recht findet er sich bereits in der Gewerbeordnung vom 20. Dezember 1859.

[3]) RG. Bd. 62 S. 229; Bd. 63 S. 69; Bd. 71 S. 235.

Wer dagegen heute hier, morgen dort arbeitet, jetzt diesem und gleich darauf jenem Dienste leistet, kann den Verlust eines ihm zukommenden Entgeltes seiner Dienste oder Arbeiten verschmerzen; für ihn bedeutet dieser Verlust nicht die Unsicherheit seiner Lebensbedingungen; er findet leicht eine neue Beschäftigung und Quelle für seinen Unterhalt, leichter als derjenige, der auf das Aufsuchen und -finden eines neuen Arbeitsverhältnisses angewiesen ist.

Ähnlich liegt die Sache bei demjenigen, der im Gegensatze zum Arbeiter selbständig, d. h. in eigenem Namen, mit eigener Entscheidung und folgeweise meist auf eigenes Risiko in der geschilderten Weise in den Gesamtprozeß der wirtschaftlichen Werterzeugung eingreift, dem Unternehmer.

Der Bauunternehmer und der große Gewerbetreibende wie der gewöhnliche Handwerker, der mit fremden Hilfskräften oder ohne solche arbeitet, also auch der Schuhmacher, Schneider usw., sie alle sind nicht so sehr auf die Vergütung aus einem einzelnen Dienst- oder Werkvertrage angewiesen, daß durch die Pfändung einer solchen sogleich ihr Auskommen gefährdet wäre. An sich sind gewiß viele von ihnen in keiner besseren Vermögenslage, wie die im LBG. begünstigten Personen, an sich können auch sie wohl dieselbe Rücksichtnahme auf ihre Verhältnisse verlangen wie jene: Eine gesetzliche Lohnsicherung kann aber nur der beanspruchen, dessen fortlaufende persönliche Beziehungen zu bestimmten Arbeitgebern, verbunden mit einer daraus entsprechenden wirtschaftlichen Abhängigkeit, das Wesen seiner konkreten Erwerbstätigkeit ausmachen.

Wenn die durch das Arbeits- und Dienstverhältnis begründete wirtschaftliche Abhängigkeit des Arbeitenden als das entscheidende Moment[1]) für das Schutzbedürfnis seiner Vergütung gegen Zugriff der Gläubiger anzuerkennen ist, so muß der Schutz des Arbeitsentgelts überall eintreten, wo immer eine Arbeitsleistung

[1]) Hiergegen tritt die vereinbarte Art der Lohnzahlung ganz in den Hintergrund. Auch der auf unbestimmte Zeit mit vierteljährlicher Lohnzahlung oder der auf ein Jahr Angenommene, dessen Gesamtlohn bei Auflösung des Verhältnisses gezahlt werden soll, genießen die Vergünstigung des Gesetzes; die gegenteilige Annahme würde der inneren Berechtigung entbehren, aus rein äußerlichen Umständen einen Schluß zu ziehen, der der Tendenz des Gesetzes widerspräche. Vgl. Staudinger aaO. S. 147.

die genannte Abhängigkeit im Gefolge hat, also mit dem gesamten wirtschaftlichen Dasein des Arbeitenden eng verknüpft ist. Von diesem Standpunkte aus ist der Kreis der im Gesetze begünstigten Personen nach verschiedenen Richtungen hin auszudehnen.

1. Es kommt im Leben vielfach vor, daß der Arbeitende seine Tätigkeit ganz einer gewissen Art von Arbeiten oder Diensten widmet und von dem ihm hieraus fließenden Verdienste lebt, dabei auch in einem stetigen Verhältnis zu einem bestimmten Arbeitgeber sich befindet, daß aber dieses Verhältnis nicht nur einem Arbeitgeber, sondern neben- oder nacheinander im Verlaufe weniger Stunden oder Tage gleichzeitig mehreren gegenüber in einer Weise besteht, welche es einerseits ausschließt, eines dieser speziellen Verhältnisse als Nebenbeschäftigung anzusehen und anderseits erst die Gesamtheit dieser stetigen Arbeitsbeziehungen als eigentliche Grundlage der wirtschaftlichen Existenz erscheinen läßt[1]). In dieser Lage befindet sich z. B. der private Straßen- und Nachtwächter und Feld- oder Forsthüter, der von den einzelnen Grundstückseigentümern Vergütungen erhält und aus diesen seinen Unterhalt bestreitet; der Musiklehrer, der sich ausschließlich diesem Erwerbszweige widmet, als solcher eine ganze Reihe von Engagements hat, und von der Gesamtsumme der Honorare lebt, während er von jedem Einzelhonorar nicht leben kann; der Publizist oder Feuilletonist, der durch ständige Berichte für mehrere Zeitungen seinen Unterhalt verdient; die Aufwartefrau, welche tagsüber nach einer Stundeneinteilung ständig bei mehreren Arbeitgebern häusliche Dienste versieht. Auch auf diese Personen paßt das sozialpolitische Prinzip des Gesetzes. Und werden sie auch durch Beschlagnahme einer einzelnen Vergütung nicht eben so stark betroffen wie die in einem einzigen Arbeitsverhältnisse Stehenden, so werden sie doch durch eine solche bei allen oder mehreren Dienstgebern in gleicher Weise in ihrer Existenz gefährdet, wie der Arbeiter, der nur einem Arbeitgeber gegenübersteht. Sie haben daher auf den Schutz des Gesetzes durchaus Anspruch; begrifflich steht nach den vorherigen Ausführungen auch nichts im Wege, das stetige Verhältnis zu jedem von mehreren bestimmten Arbeitgebern als Dienstverhältnis an-

[1]) Staudinger: Die Einführung norddeutscher Justizgesetze als Reichsgesetze in Bayern. Abteilung II S. 152.

zusprechen, somit die Möglichkeit des Vorhandenseins einer Mehrzahl solcher anzunehmen [1]) und die aus ihnen fließende Vergütung zu bevorrechtigen, wenn und insoweit auf denselben in ihrer Gesamtheit das wirtschaftliche Dasein beruht.

Die Beziehungen des Arbeiters zum Arbeitgeber können aber auch derartig sein, daß die Arbeitsleistung in einem von mehreren Dienstverhältnissen als Hauptbeschäftigung, in einem anderen als Nebenbeschäftigung anzusehen ist. Auch der aus letzterer fließenden Vergütung (Nebenverdienst) muß nach dem Vorhergesagten an sich der Schutz des Gesetzes zuteil werden, wenn sie auch nur in untergeordnetem Verhältnisse zur gesamten wirtschaftlichen Lebenslage des Arbeiters steht und selbst nur zum kleinen Teile zu seinem notwendigen standesgemäßen Unterhalte beiträgt. Für ihre Pfandfreiheit im einzelnen Falle darf nur entscheiden, ob sie zusammen mit den anderen Arbeitsvergütungen sich innerhalb der gesetzlichen Grenzen hält, in denen das Beschlagnahmeverbot der Bezüge vorgeschrieben ist. Ihre grundsätzliche Gleichstellung mit den Verdiensten aus Hauptbeschäftigung rechtfertigt sich auch dadurch, daß sie, wie jene aus der Hauptbeschäftigung stammende, in einem Dienstverhältnisse, ja oft noch schwerer als diese erarbeitet ist, weil der Arbeiter häufig seine letzte noch freibleibende Zeit opfern muß, um sie zu schaffen. Die Abneigung des Gesetzgebers gegen den Schutz eines jeden, auch dauernden berufsmäßigen Nebenverdienstes, selbst wenn er höhere Einnahmen als die Hauptbeschäftigung abwarf, machte sich in Ablehnung aller dahingehenden Anträge der Reichstagskommission bemerkbar [2]); sie ist nur aus der Tatsache heraus zu verstehen, daß zur Zeit der Entstehung des Gesetzes allgemein der notwendige standesgemäße Unterhalt [3]) des Arbeiters aus seiner Hauptbeschäftigung allein fließen mochte, und das darüber hinaus durch Nebenbeschäftigung

[1]) Die begriffliche Möglichkeit des Vorhandenseins einer Mehrzahl von Arbeits- und Dienstverhältnissen ist bereits in der Rechtsprechung des OLG. Rechtspr. Bd. 20 Nr. 13 α β und gesetzlich anerkannt. Das Invalidenversicherungsgesetz sprach von mehreren Arbeitsverhältnissen (§ 140 Abs. 2), und in der Reichsversicherungsordnung, die im § 1426 von mehreren Arbeitgebern spricht, ist lediglich aus formalen Gründen der Ausdruck gewechselt worden. Vgl. Falkmann: Die Zwangsvollstreckung, II. Aufl., S. 765.

[2]) StenBer. III S. 587.

[3]) Dieser soll nach dem Gesetz dem Arbeiter stets verbleiben, um seine Stellung behaupten zu können (Cohn S. 13f.; StenBer. III S. 74).

gewonnene Einkommen über dieses Maß hinausging, somit den Gläubigern nicht vorenthalten bleiben sollte. Dies trifft heute nicht mehr zu: Das wirtschaftliche Leben vollzieht sich nicht mehr in so einfachen Formen wie damals. Ein Familienvater, der den Unterhalt der Seinigen durch seiner Hände Arbeit verdienen soll, muß darauf bedacht sein, auch die freie Zeit, die ihm sein Hauptberuf läßt, auszunutzen, um den Kampf mit dem Leben erfolgreich bestehen zu können, und wird so viel durch eine sich bietende Nebenbeschäftigung herbeizuschaffen suchen, um nicht unbescheidene Ansprüche der Familie bei den fortgesetzt steigenden Preisen der Lebensbedürfnisse erfüllen zu können. Nebenbeschäftigung ist daher heute oft erforderlich zur Beschaffung des notwendigen Unterhalts und aus diesem Grunde schutzbedürftig.

Gegen die Beibehaltung des bisherigen Standpunktes des Gesetzes spricht aber auch folgendes:

Die Bewertung der Erwerbstätigkeit als haupt- oder nebensächliche nach der Dauer der ihr gewidmeten Zeit, wie sie § 1 verlangt, ist gänzlich verfehlt, rein äußerlich und daher unzuverlässig. Im allgemeinen wird ja wohl die Beschäftigung, welche die meiste Zeit der Erwerbstätigkeit beansprucht, die für das materielle Wohl des Arbeiters wichtigste, am besten bezahlte und für seine wirtschaftliche Lage entscheidende sein. Aber oft wird eine geringere Zeit beanspruchende Tätigkeit mehr dem Arbeiter abwerfen als eine größeren Zeitaufwand erfordernde andere. Man denke z. B. an den Hauslehrer, der nebenbei als Zeitungskorrespondent tätig, oder den Unterbeamten, der zugleich Hausverwalter ist, oder den Kassierer, der nebenher Privaten die Bücher führt, ganz abgesehen davon, daß oft eine Leistung trotz geringeren Zeitaufwandes höher honoriert wird als eine andere, weil sie beispielsweise schwierig, gefahrbringend, von vornherein auf kurze Zeitdauer berechnet, in später Abendstunde zu leisten oder mit besonderen Unbequemlichkeiten für den Leistenden verknüpft ist. Soll man aber, wie Falkmann (S. 765) es tut, neben der Zeitdauer auch die Höhe des Erwerbs, den Inhalt, die Dauer und Art der Beschäftigung zur Bewertung der Wichtigkeit der Tätigkeit im Vergleiche zu einem anderen mit heranziehen? Auch dieser Maßstab ist unzulänglich, weil er dem subjektiven Ermessen des Richters zuviel Spielraum gewährt und die Rechtsunsicherheit steigert.

Auch aus diesem Grunde muß daher die unterschiedliche Behandlung von Haupt- und Nebenverdiensten für die Frage ihres Schutzes gegen Beschlagnahme ganz in Wegfall kommen. Durch Streichung der Worte „sofern dies Verhältnis die Erwerbstätigkeit des Vergütungsberechtigten vollständig oder hauptsächlich in Anspruch nimmt" wird der gleichmäßige Schutz aller in irgendeinem von mehreren Dienstverhältnissen erworbenen Vergütungen hergestellt. Und dieser Erfolg muß eintreten, unabhängig davon, ob in allen diesen Verhältnissen gleichartige Dienste geleistet werden oder nicht, ob ferner eines dieser speziellen Verhältnisse als Nebenbeschäftigung weniger dem Arbeitenden einbringt als ein anderes und ob die einzelnen Dienste zeitlich neben- oder nacheinander als einheitliche oder verschiedene geleistet werden.

2. Weiter empfiehlt es sich, das Beschlagnahmeverbot auf Personen auszudehnen, welche eine Zwischenstufe[1]) zwischen gewerblichen Unternehmern und selbständigen Arbeitenden bilden, persönlich selbständig, wirtschaftlich aber abhängig sind, daher in keinem Arbeitsverhältnisse sich befinden und nach dem derzeitigen Stande der Gesetzgebung der Beschlagnahme ihrer Arbeitsvergütung in vollem Umfange unterworfen sind. Solche Persönlichkeiten sind der Agent[2]) — gleichviel, ob er für mehrere oder nur ein Haus tätig ist[3]) — und der Hausgewerbetreibende[4]), das Bindeglied zwischen Produzenten und Handelshaus in den Zweigen der Hausindustrie, z. B. der Zwischenmeister in der

---

[1]) Landsberger in Gewerbe- und Kaufmannsgericht 17 S. 70.

[2]) RG. 62, S. 232; 63, 73.

[3]) Nicht unstreitig: ebenso Staub HGB. § 88; a. A. Falkmann S. 765 und die Zitierten.

[4]) Im Gegensatze zu ihm steht der Handwerksmeister, der unmittelbar für den persönlichen Bedarf des Bestellers ohne fremde Hilfskräfte arbeitet, und der Heimarbeiter (Außen-detachierter Arbeiter), dessen Arbeit (für fremde Rechnung) in eigener Werkstatt nicht begriffsmäßiges Merkmal seiner Beziehungen zum Arbeitgeber ist, vielmehr auf rein zufälligen äußeren Umständen (Raummangel usw.) beruht, der daher ein Lohnarbeiter und unselbständiges Glied im Organismus des Gewerbebetriebes des Arbeitgebers ist. Sein Arbeitsentgelt ist bereits durch das LBG. (vgl. m. „Recht der Beschlagnahme", S. 33), aber zur Behebung von Zweifeln noch besonders im Hausarbeitgesetz vom 20. Dezbr. 1911 § 27 gegen Beschlagnahme geschützt worden.

Konfektion. Er ist einerseits Herr in seiner eigenen Werkstätte und Arbeitsstube, so daß er seinen Arbeitern Beginn, Ende, Umfang und Reihenfolge der Arbeit selbständig bestimmt, ohne selbst einer Leitung, Disziplin und Beaufsichtigung unterworfen zu sein, aber anderseits durch seine Arbeit für Rechnung anderer Gewerbetreibenden zwar des geschäftlichen Risikos enthoben, jedoch auch der Möglichkeit eigener Verwertung seiner Erzeugnisse und der Erzielung eines Unternehmergewinnes beraubt; seine nach dem Stücke bemessene meist kärgliche Vergütung stellt sich wirtschaftlich als Arbeitsentgelt dar.

Eine Mittelstellung zwischen selbständiger und wirtschaftlich abhängiger Persönlichkeit nehmen auch der Direktor einer Aktiengesellschaft, der Geschäftsführer einer Gesellschaft m. b. H.[1]) und sonstige Organpersonen im Verhältnisse zu den durch sie vertretenen Gesellschaften ein. Sie stehen in keinem Arbeits- und Dienstverhältnisse zu ihnen, wenngleich hierüber keine Einigkeit in der Rechtsprechung herrscht.

Sie sind nur Organe der Gesellschaften, für die sie handelnd auftreten, und haben als solche nicht unter Leitung und Aufsicht, sondern an Stelle eines Geschäftsherrn ihre Funktionen zu erfüllen. Beschränkungen in ihrer Rechtssphäre sind verfassungsmäßige Einschränkungen des Organs, nicht ihrer einzelnen Person, so daß sie im Rahmen der ihnen zugewiesenen Kompetenz völlig selbständig auftreten [2,3]).

---

[1]) Das Reichsgericht hält ihn für abhängig und bezeichnet seine Stellung als Dienstverhältnis („Das Recht" Bd. 13 Nr. 2165), ebenso OLG. 19 S. 14; Staub, Ges. üb. Ges. m. b. Hftg. § 35 Anm. 49; Derselbe, HGB. § 59 Anm. 34; a. M. ROHG. Bd. 13, 181; 19, 58; 21, 375; OLG. 19 S. 215, Falkmann S. 764 u. m. Auff. in „Recht" 1911 S. 321.

[2]) Gierke, Genossenschaftsrecht II S. 886: „Wo die Funktionen eines Organs durch die Verfassung in objektiver Weise ständig geschaffen sind, liegt kein Dienstverhältnis vor." Vgl. m. Auff. i. „Recht" 1911 S. 321.

[3]) Allerdings schließt dies nicht aus, daß sie im einzelnen Falle als abhängig zu gelten haben, wenn ihnen durch einen Dienstvertrag untergeordnete, außerhalb ihrer korporativen Funktion liegende, sonst von Handlungsgehilfen auszuführende Arbeiten auferlegt werden, z. B. dem Geschäftsführer einer kleinen G. m. b. H. die geschäftliche Expedition und die Führung der Bücher obliegt. Aber selbst in diesem Falle ist bei Vorliegen eines einheitlichen Vertrages im Zweifel anzunehmen, daß die Vertretung der Gesellschaft nach außen die maßgebende, das Vertragsverhältnis beherrschende sein soll. ROHG. 19 S. 60.

Alle Genannten, Agenten usw., ein Gemisch von Personen verschiedenster gesellschaftlicher Klassen und wirtschaftlicher Lebenslage, stehen dem Arbeitgeber in bezug auf ihre Arbeitsleistung, wie auf ihr persönliches Verhalten durchaus selbständig gegenüber; sie arbeiten für ihn, nicht unter ihm, brauchen die übertragenen Arbeiten nicht einmal selbst zu leisten, sondern können sie durch Hilfskräfte verrichten lassen und sind in bezug auf freie Verfügung über Arbeitszeit und -kraft keinen anderen Beschränkungen unterworfen, wie jeder andere aus einem Dienst- oder Werkvertrag Verpflichtete. Aber wenn sie auch frei und selbständig bei ihrer Arbeit in ihren Entschließungen dem Arbeitgeber gegenüberstehen — die Grenzen der Selbständigkeit sind sowieso recht wenig sichere — so kann ihnen doch mit demselben Rechte der Schutz ihrer Arbeitsvergütung gegen Beschlagnahme eingeräumt werden wie dem Prokuristen, Gutsadministrator und Hausverwalter[1]). Dieser Schutz ist wünschenswert, weil eine große Anzahl von ihnen zu den wirtschaftlich Schwachen, unbedingt auf ihr Arbeitseinkommen Angewiesenen gehört und ebenso hilfsbedürftig ist wie die in einem Dienstverhältnisse unter denselben wirtschaftlichen Bedingungen Arbeitenden: Die Not des Lebens macht vor ihrer Tür nicht halt, weil sie selbständig sind; aus ihrer Stellung herausgerissen, müssen sie gleich den im Dienstverhältnisse Stehenden auch erst eine neue Existenz aufsuchen.

Man kann dagegen einwenden, daß der Direktor einer großen Aktiengesellschaft, dem auf diese Weise ein im Verhältnis zu seinem Diensteinkommen unbedeutender Betrag gegen Beschlagnahme gesichert würde, dieses Schutzes nicht bedarf. Das ist ohne weiteres zuzugeben. Trotzdem aber dürfte davon Abstand zu nehmen sein, ihn oder einzelne Personenklassen auszunehmen, weil es unendlich schwer sein wird, die Ausnahmen richtig abzugrenzen und weil bei den genannten Personen der Fall einer Beschlagnahme ihrer Diensteinkünfte kaum praktisch werden wird.

3. So richtig es im allgemeinen ist, die Bestimmungen des Gesetzes nicht auf die außerhalb eines Dienstverhältnisses stehenden Personen auszudehnen, so sehr erscheint es wünschenswert, auch solchen Personen die Wohltat desselben angedeihen zu lassen, deren Verhältnis zu einem Arbeitgeber von vornherein nicht auf längere

---

[1]) RG. 71 S. 335.

Zeit angelegt ist, die zu einer der Zeit oder dem Zwecke nach vorübergehenden Beschäftigung, etwa nur in Zeiten starken Geschäftsganges oder als Ersatz für fehlendes Personal als „Aushilfen" angenommen werden, die aber für die Zeit ihrer Beschäftigung ausschließlich von ihrem erarbeiteten Lohn leben, der die ganze Grundlage ihrer wirtschaftlichen Existenz bildet; sie widmen ihre ganze Erwerbstätigkeit und Arbeitskraft einem Arbeitgeber, sind auch meistens auf periodische Zahlungen des Lohnes angewiesen. Grund genug, auch sie gegen Beschlagnahme ihres Arbeitsverdienstes sicherzustellen. — Wenn bei einer „versuchsweise", für keine näher bestimmte Zeit angenommenen Person eine dauernde Vertragsbeziehung und zufolge ihrer Abhängigkeit auch ein Arbeits- und Dienstverhältnis als vorliegend anerkannt wird[1]), so steht auch nichts im Wege, die sogenannten „Aushilfen" mit Bezug auf ihre Arbeitsverdienste gegen Beschlagnahme sicherzustellen. Ob ihre Arbeitsbeziehungen zum Arbeitgeber von vornherein nicht für längere Zeit in Aussicht genommen sind — tatsächlich können sie sich auf recht lange Zeit erstrecken —, ist gegenüber dem Vorliegen der sonstigen Begriffsmerkmale des Dienstverhältnisses von untergeordneter Bedeutung.

Kapitel II.

Schutzbedürftige Forderungen der Arbeitenden.

1. Die Vergütung.

In erster Reihe kommt natürlich der Schutz des Gesetzes, wie auch jetzt bereits, der Vergütung zu, der Gegenleistung des Arbeitgebers an den Arbeiter für die vertragsmäßig übernommenen und zu leistenden Arbeiten und Dienste, in allen ihren Teilen und Arten oder rein wirtschaftlich betrachtet dem Arbeitserfolge, der dem Arbeiter — vereinbart oder nicht — gebührt. Was im einzelnen darunter fällt, kann hier unerörtert bleiben: Die Literatur

[1]) OLG. 12 S. 423.

zu unserem Gesetze[1]) gibt darüber genügenden Aufschluß. — Hervorgehoben zu werden verdient nur folgendes: Das Gesetz hatte nur Vergütungen für geleistete Arbeiten und Dienste schützen und damit alle Entschädigungsansprüche des Arbeiters von seinem Anwendungsbereiche ausschließen wollen; nach dem jetzigen Stande der Gesetzgebung kann es seinen Schutz aber denjenigen Ansprüchen nicht versagen, welche der Arbeiter trotz Nichtleistung der ihm übertragenen Arbeiten und Dienste gegen den Arbeitgeber erheben kann, wenn nämlich deren Ausführung ohne sein Zutun unterblieb. Denn diese Forderungen, welche im früheren Rechte als Entschädigungsforderung gestaltet waren, erscheinen jetzt, in richtiger Erkenntnis, daß das Arbeits- und Dienstverhältnis unabhängig von tatsächlicher Leistung der Arbeiten so lange als Rechtsverhältnis fortbesteht, bis ein vom materiellen Rechte als solcher anerkannter Endigungsgrund eintritt, nach dem neuen Recht als Vergütungsansprüche. Mit dieser veränderten Rechtsanschauung unseres BGB. ist zu rechnen, daher den genannten Ansprüchen auch dasjenige Vorrecht zuzuerkennen, welches ihnen nach Absicht des Gesetzgebers jetzt zukommen soll. Gerät also der Dienstherr mit Annahme der Dienste in Verzug, oder wird der Arbeiter für eine verhältnismäßig nicht erhebliche Zeit ohne Verschulden in seiner Person durch ein außerhalb seiner Person eintretendes Ereignis, z. B. Brand in der Fabrik, an der Dienstleistung behindert oder grundlos vorzeitig entlassen, so hat der Arbeitgeber die Vergütung zu zahlen, wie wenn die Arbeit geleistet wäre und diese Vergütung genießt den Schutz des Gesetzes, ist also in den Grenzen des § 1 unpfändbar. Das ist bereits jetzt die fast einmütige Ansicht von Theorie und Praxis[2]), wiewohl die Wortfassung des § 1 („Vergütung für Arbeiter" und „nachdem die Leistung der Arbeiten und Dienste erfolgt ist") entgegensteht. Sie muß jedenfalls für die Zukunft geändert werden.

2. Die Schadensersatzforderung.

Im Gegensatze zu den eben behandelten Forderungen unterliegen die durch schädigendes vertrags- oder gesetzwidriges Ver-

---

[1]) S. Falkmann, S. 762 und die dort Zitierten.

[2]) S. Falkmann aaO. S. 768 Abs. 2.

halten des Arbeitgebers entstehenden wirklichen Schadensersatzforderungen zurzeit ohne weiteres der Beschlagnahme.

Aber auch sie sind durchaus schutzbedürftig. Wenn der Arbeiter durch die schädigende Handlung an Körper oder Vermögen Einbuße erleidet oder gar zur Aufgabe seiner Stellung gezwungen wird, und das Gesetz ihm demzufolge in den angeführten Fällen Schadensersatzforderungen einräumt, so erkennt es grundsätzlich eine Rechtspflicht des Arbeitgebers an, die Verminderung der Lebensbedingungen, die Schwächung oder Beeinträchtigung der Daseins- und Schaffenskraft des Arbeitnehmers, welche durch sein Verschulden stattgefunden hat, möglichst vollkommen auszugleichen. Alle Ansprüche, welche dem Arbeitnehmer infolge eines solchen schuldhaften Verhaltens des Arbeitgebers zugesprochen werden, verfolgen diesen Zweck, dienen der Wiederherstellung der Existenzbedingungen des Arbeitnehmers in dem Umfange, wie er sie sich selbst vor Eintritt der schädigenden Handlung geschaffen hatte, treten somit für die ganze Zeit, für welche sie den Arbeitnehmer zukommen, an die Stelle der Vergütung und sind bestimmt, deren wirtschaftliche Aufgaben zu ersetzen, verdienen daher denselben Schutz gegen Angriffe von Gläubigerseite, wie diese selbst. Daher darf man auch nicht nur einen oder den anderen Teil solcher Ansprüche als notwendig und schutzbedürftig hinstellen. Der zuerkannte Schadensersatzanspruch, in seiner Gesamtheit als Einheit betrachtet, bezeichnet das Maß dessen, was zur Wiederherstellung der Existenzbedingungen des Arbeitnehmers notwendig ist. Dazu gehört nicht nur der Anspruch für die dem Arbeitenden entzogenen Diensteinkünfte, nicht nur der Ersatz für seine brachliegende[1] Kraft, sondern alles, was an Aufwendungen für Erwerb einer neuen Stellung und Eintritt in solche ihm als nötig zugesprochen ist, Annoncen, Stellenvermittlergebühren, notwendig werdende Umzugskosten usw. — Das Lohnbeschlagnahmegesetz will und soll dem Arbeitnehmer nicht nur die Notdurft des Lebens belassen, sondern darüber hinaus den Schutz der Haushaltungsführung, der geordneten Wirtschaft, des Familienlebens zur Aufrechterhaltung seiner Pflichten als Staatsbürger und im Interesse der Allgemeinheit sichern, wie auch schon Cohn (S. 14) hervorgehoben hat.

---

[1]) Auch über die Zeit des Dienstvertrages hinaus. JW. 1912 S. 747.

Übrigens sind bereits ähnliche Forderungen, wie die hier in Rede stehenden, durch § 850 Abs. 3 ZPO. sowie § 7 des Haftpflichtgesetzes (in der durch Art. 42 EG. zum BGB. geänderten Fassung) in gleicher Weise wie der Arbeits- und Dienstlohn der Beschlagnahme entzogen.

Dem Erfordernisse einer Einforderung des geschuldeten Betrages vor Ablauf des Zahltages dürfte durch Erhebung der, wenn auch nur auf Feststellung gerichteten Klage Genüge geleistet sein, zumal eine Einforderung selbst oft unmöglich ist, weil erst eine spätere Zeit den Umfang des Schadens bestimmt.

3. Auslagen. Dienstaufwand. Zulagen.

Es gibt Leistungen des Arbeitgebers an den Arbeiter, die nicht den Charakter der Vergütung haben, selbst wenn sie mit ihr in ungetrennter Summe verbunden sind. Beträge für Auslagen, Ausgaben, Aufwendungen, welche der Arbeiter für den Arbeitgeber zur Verrichtung seiner Arbeit[1]) zu bestreiten hat, sind keine Arbeitsentgelte oder -erfolge, auch keine Vermögensvorteile, welche seine Arbeiten oder Dienste ihm verschaffen, daher auch nicht Teile der Vergütung.

Als solche nennt § 3 Abs. 2 ausdrücklich die Forderung des Arbeiters für den „Wert oder Preis des Materials", das er erst anzuschaffen oder herzurichten hat, ehe er mit seiner Arbeit beginnen kann, und hieran anschließend allgemein die Ansprüche auf „Ersatz anderer Auslagen", welche in verschiedenster Art und unter verschiedensten Bezeichnungen vorkommen. Seine Forderung auf Ersatz von Spesen jeder Art, insbesondere Reise- und Dienstaufwand, soweit er das übliche Maß nicht übersteigt, also auch Unkosten eines Angestellten für Aus- und Heimreise nach einem Posten ins Ausland sowie für sein Leben an einem ungesunden Orte und ebenso seine Ausgaben für Beschaffung und Erhaltung von Arbeitskleidung und -gerät, für welche er selbst zu sorgen hat[2]), gehören hierher; alle diese Auslagen sind im Interesse des Geschäftsherrn aufgewendete Handlungsunkosten[3]).

---

[1]) Im Gegensatz zu den mit der Stellung unvermeidlich verbundenen Aufwendungen, welche er für seine Person machen muß.

[2]) a. A. Falkmann, S. 769.

[3]) OLG. 22 S. 383.

Diese Forderungen sind jetzt nach dem LBG. pfändbar[1]); sie haben keinen Anteil an dem der Vergütung eingeräumten Schutze gegen Beschlagnahme und keine sonstigen gesetzlichen Bestimmungen erklären ihren Ausschluß von einer solchen.

Aber gerade für diese Forderung besteht ein noch größeres Bedürfnis, sie von einer Pfändung auszunehmen, wie für die Arbeitsvergütung selbst, gleichviel, ob sie im Hinblick auf die vom Arbeitenden zu machenden Aufwendungen vorschußweise gewährt werden oder als nachträgliche Abgeltung bereits bestrittener Auslagen zu dienen bestimmt sind[2]): Wenn dem Arbeitenden dasjenige entzogen wird, was der Arbeitgeber für Aufwendungen im Interesse des Betriebes oder der Person des Arbeitenden zu geben als notwendig erachtet, so wird ihm gewissermaßen sein Handwerkszeug entzogen, ohne das er eben nichts schaffen, seine Stelle nicht ausfüllen kann, so ist er ebensowenig imstande, seine Arbeit fortzusetzen, wie wenn ihm die Arbeitsvergütung selbst genommen wird. Dadurch wird er zum Stellenwechsel oder wenigstens zu Versuchen, die Pfändung zu vereiteln, gezwungen. Aber noch weiter: Es kann zweifelhaft sein, ob diese Forderungen nicht nach ihrem Wesen an die Person des Arbeitenden geknüpft, an seine besonderen, zur Ausfüllung seiner Stellung befähigende Eigenschaften gebunden und aus diesem Grunde schon nach §§ 399 BGB. und 851 ZPO. unpfändbar sind; sie sind aber jedenfalls Ansprüche, deren Gegenstand nicht eine Geldzahlung schlechthin, sondern die Geldzahlung als forderungbegründender oder mindestens zweckbestimmter Akt[3]) bildet. Gerade der Zweck, dem sie zugeführt werden sollen, wird durch eine Pfändung vereitelt, unmöglich gemacht, in welchem Umfange sie auch immer erfolgt. Daher schließe man sie von jeder Pfändung aus, verkette also ihr Schicksal nicht mit dem der Vergütung selbst, und lasse sie auch unabhängig von einer bestimmten Höhe ausnahmslos

---

[1]) Falkmann aaO.; Bl. f. Rpfl. 1913 S. 26.

[2]) Soweit die Aufwendungen erst zu machen sind, ist der Anspruch auf nachträglichen Ersatz an sich pfändbar. Es liegt in diesem Falle kein Grund vor, ihn zu schützen, weil es dem Arbeitenden überlassen ist, ob er ohne Anwartschaft auf Erstattung die Aufwendungen machen will.

[3]) Ähnlich wie bei der Baugeldforderung Gaupp-Stein zu § 851 Abs. 2 ZPO.

pfandfrei[1]). Bezüglich des Dienstaufwandes der Beamten, der ja noch weiter sich erstreckt, Tagegelder bei Dienstreisen, Wohnungsgeldzuschuß, Umzugsspesen, Bureaugelder usw. umfaßt, ist dies in Abs. 5 des § 850 ZPO. gesetzlich angeordnet. Es liegt kein Anlaß vor, solche Prästationen bei den im Privatdienst Angestellten anders zu bewerten, als bei den Beamten und den ihnen Gleichgestellten. Gerade in der vorliegenden Frage fehlt jeder innere Grund für eine unterschiedliche Behandlung beider.

Ob Zulagen oder Zuschüsse zum Lohne und Gehalte als Vergütung anzusehen sind, wird vom einzelnen Falle abhängen. Oft sind sie bestimmt, einen Ausgleich für Mehrkosten zu bilden, welche das Leben des Angestellten in gewissen Gegenden, unter bestimmten Verhältnissen und zu bestimmten Zeiten mit sich bringt, oft sollen sie für Unbequemlichkeiten und Gesundheitsgefährdungen, für gewisse besondere Dienste oder erhöhte Arbeitsleistungen entschädigen; oft wieder verdanken sie ihre Gewährung der Freigebigkeit und Fürsorge des Arbeitgebers, seinem Interesse für den Angestellten und dessen Familie z. B. seinem Wunsche, als Erziehungs- oder Unterhaltsbeihilfe in besonderen Fällen zu dienen oder den Angestellten zur Erlernung besonderer wissenschaftlicher und technischer Kenntnisse anzuspornen. In den letzten Fällen werden sie nicht zur Vergütung zu rechnen, sondern als besondere Extradotationen, die an die Person gebunden, unpfändbar sein. In den anderen Fällen werden sie dagegen, wenn sie regelmäßig und dauernd, vertraglichen Abmachungen entsprechend, gegeben werden, als Vergütung angesehen werden müssen, wie sie auch dem Diensteinkommen der Beamten nach dem Preußischen Besoldungsgesetze vom 26. Mai 1909 zugezählt werden; wenn sie dagegen nur einmalig oder zeitweilig dem Angestellten gewährt werden, wird man sie wohl nicht als festen Bezug anzusprechen haben. Wie dem aber auch sei, ob sie regelmäßig und als vereinbart oder nicht, dem Angestellten zugewiesen werden, sie sollten stets pfandfrei bleiben. Die ratio ihrer Her-

[1]) Einen bedeutsamen Schritt nach dieser Richtung hin hat das Hausarbeitgesetz vom 20. Dez. 1911 in § 27 getan: es schützt den „Entgelt" der Hausarbeiter als Vergütung im Sinne des LBG. und versteht unter demselben nicht nur den Betrag für geleistete Arbeit, sondern auch für Beschaffung des von ihm verwandten Rohmaterials. Prot. d. Reichstagssitzung, Nr. 217, v. 5. Dez. 1911, S. 8329.

gabe ist dieselbe, wie bei den Ersatzforderungen, von denen vorher die Rede war: sie sollen zur Deckung notwendiger Ausgaben dienen; ja noch mehr, sie sollen den Angestellten erst befähigen, die ihm zugewiesenen Dienste und Arbeiten zu leisten, indem sie seine ohnedem zum standesgemäßen Unterhalte nicht ausreichenden Bezüge erhöhen.

4. Der reine Lohn.

Die dem Arbeiterschuldner als pfandfrei zugesicherten Beträge müssen nach der Absicht des Gesetzes ihm rein netto für seinen Unterhalt zur freien Verfügung verbleiben[1]). Bei der Feststellung der Reineinnahme hat dasjenige außer Ansatz zu bleiben, was er nach dem Dienstvertrage zur Pensionskasse zu zahlen hat, und weiter kommen auch diejenigen Beträge von der versprochenen Vergütung in Abzug, welche nach gesetzlicher Bestimmung dem Arbeitenden bei der Zahlung einzubehalten sind, also Beiträge zur Witwen- und Waisenkasse, zur Angestelltenversicherung (AngestVG. §§ 176, 178) und zur Kranken- und Invalidenversicherung (RVO. §§ 380, 1432). Sie stehen in so engem Zusammenhange mit dem Arbeitseinkommen, daß sie für die praktische Auffassung als eine Verminderung desselben erscheinen; gleich als wäre der Lohn von vornherein niedriger bemessen, belasten sie die auszuzahlende fällige Vergütung mit dem abzuführenden Betrage dergestalt, daß der Arbeitende sie erst nach dessen Abzug für sich beanspruchen kann. Die Gesetze selbst vermindern also hier den auszuzahlenden Entgelt[2]). Unerheblich ist es, ob vielleicht späterhin der Arbeitende einen Vorteil aus diesen ihm abgezogenen Beträgen zieht. Dieser gilt nicht als gegenwärtiger Vermögensvorteil, als „Vergütung für die Arbeiten".

Es sind mehrfach die genannten Beträge vom pfandfreien Vergütungsteile gekürzt worden. Ein solches Verfahren widerspricht dem Gesetze, welches diesen Teil dem Arbeitenden zu seiner freien Verfügung halten will, wenngleich diese seine Absicht (leider) nicht Ausdruck im Gesetzestexte gefunden hat. Sie folgt

---

[1]) Falkmann S. 772; OLG. 23 S. 218; Zeitschrift für Bergrecht 52 S. 436; a. A. OLG. 22 S. 383.

[2]) Bezüglich der Witwen- und Waisengelder vom Reichsgericht JW. 84 S. 227 entschieden.

aus seinem sozialpolitischen Zwecke. Es will die wirtschaftliche Existenz des Arbeitenden gegen die Gefahr schützen, welche ihm durch eine schrankenlose Ausübung der Zwangsvollstreckung droht. Die zwangsweise Einbehaltung der Versicherungsbeiträge enthält der Wirkung nach aber eine Beschlagnahme. Abgesehen davon würde der fürsorgliche Zweck des LBG. durch die Versicherungsgesetze beeinträchtigt, wenn die Beiträge den pfandfreien Teil des Arbeitseinkommens schmälerten; denn diese Gesetze sind doch aus sozialpolitischer Fürsorge für den Arbeiterstand eingeführt, um die ihm drohenden wirtschaftlichen Gefahren zu mindern. Durch eine Verrechnung, wie sie hier gemißbilligt wird, würden sich beide Gesetze entgegenwirken, die eine Hand würde geben, was die andere nimmt. Das ist nicht gutzuheißen.

Eine Bestätigung für die Richtigkeit der hier vertretenen Rechtsansicht ist aus der Behandlung zu entnehmen, welche die Witwenkassenbeiträge und die nach dem Preußischen Gesetz vom 20. Mai 1882 zu entrichtenden Beiträge für Witwen und Waisen bei Berechnung des pfandfreien Teils des Diensteinkommens der Beamten gefunden haben. Sie sind stets als Minderung des reinen Einkommens vom Gehalte vorweg in Abzug gebracht, und diese Praxis hat das Reichsgericht gebilligt [1]).

Es empfiehlt sich, diesen Grundsätzen bei Neugestaltung des Gesetzes Ausdruck zu geben.

5. Zusammentreffen der geschützten Vergütung mit anderen Ansprüchen aus § 850 ZPO.

Ist in dieser geschilderten Weise ein nach menschlicher Voraussicht wirklich auskömmlicher Teil der Vergütung dem Arbeiter pfandfrei gelassen, um seine Stellung ausfüllen zu können, selbst wenn über ihn das Unglück einer Lohnbeschlagnahme hereinbricht, so muß aber nun auch alles, was diesen Betrag an Arbeitseinkünften übersteigt, für den Zugriff der Gläubiger zur Verfügung stehen, und von jedem Gläubiger wegen jeder Forderung, unbekümmert um Fälligkeit und Einforderung, zu jeder Zeit, ja sogar vor Leistung der Arbeit, gepfändet werden können. Ja man muß noch weiter gehen: Will man vermeiden, daß dem Arbeiter an

[1]) Siehe vorige Seite Anm. 2.

Arbeitseinkünften mehr verbleibt, als ihm nach Absicht des Gesetzes als pfandfrei belassen werden soll, so wird man mehrere dem Arbeiter zustehende, nach § 850 ZPO. unpfändbare Forderungen nicht getrennt im einzelnen, sondern insgesamt als Ganzes auf ihre Beschlagnahmefähigkeit betrachten, daher zusammenzählen und an dem durch Zusammenrechnung sich ergebenden Gesamtbetrage messen müssen, was von dieser Summe dem Arbeiter als pfandfrei zu belassen und was dem Pfandgläubiger zuzusprechen ist[1]).

Dieses Verfahren bedeutet zwar eine Durchbrechung des Grundsatzes, daß das LBG. absoluten Charakter hat, daß also andere Vermögensbestandteile des Schuldners außer Betracht zu bleiben haben, wenn es gilt, den angreifbaren Teil seiner Arbeitsvergütung festzustellen. Aber die hier gemachte Ausnahme ist berechtigt: An die anderen Vermögensbestandteile des Schuldners kann sich der Gläubiger ohne weiteres halten; er erleidet, wenn sie zureichen, ohnehin durch das Pfändungsverbot des Gesetzes keine Beeinträchtigung. Anders aber, wenn der Arbeiter neben seiner unpfändbaren Arbeitsvergütung überhaupt keine bereiten Deckungsmittel mehr besitzt, sondern nur noch eine weitere, nach § 850 ZPO. unangreifbare Forderung. Bisher wird das vorgeschlagene Verfahren nur bei einer Mehrheit öffentlich-rechtlicher dienstlicher Stellungen und Bezüge (Nr. 7 und 8 aaO.) angewendet, während jede der anderen, in § 850 ZPO. aufgezählten Forderungen unabhängig von der anderen beurteilt wird[2]). Weder ist aber die verschiedene Handhabung bei den verschiedenen Ansprüchen an sich, noch die unabhängige Beurteilung der einen und anderen Forderungen in der Frage ihrer Pfändbarkeit, die sehr oft zur Vereitelung der Beschlagnahme aller aus verschiedenen Einnahmequellen herrührenden Bezüge führt, vom Standpunkte des Gesetzes aus gerechtfertigt.

Die gewichtigen Gründe für die Exemtion der einzelnen Forderungen kommen in Fortfall, wenn die mehreren Forderungen sich in einer Hand zusammenfinden, mag die schuldige Rücksicht auf den Schuldner, mag das öffentliche Interesse — beide nennen die Motive zum jetzigen § 850 ZPO. (§ 696 des Entwurfs) —

---

[1]) Conrad, Pfändungsbeschränkungen, S. 506—507.

[2]) S. m. „Recht der Beschlagnahme", § 4 Nr. 4 B.

bestimmend für die der einzelnen Forderung eingeräumte Ausnahmestellung sein. Denn diese Interessen, welche sich gar nicht widersprechen[1]), haben nur soweit Anspruch auf Berücksichtigung, als die Befriedigung der Lebensbedürfnisse des Schuldners und die Erhaltung seiner Anstellung es bedingen, und unerheblich ist es daher, durch welche und wieviele Einkünfte dieses Maß des Notwendigen dem Arbeiter erwächst, wenn es ihm überhaupt nur gewährleistet wird.

Steht sonach vom Standpunkte des Gesetzes aus nichts im Wege, alle in einer Hand sich vereinigenden Arbeitseinkünfte und sonstigen unter § 850 ZPO. fallenden Bezüge des Schuldners dem pfändenden Gläubiger zugänglich zu machen, so kann es sich nur fragen, in welchem Umfange dies geschehen und was dem Arbeiterschuldner belassen werden soll. In dieser Beziehung wird zunächst eine unterschiedliche Behandlung von Arbeits- und arbeitslosem Einkommen einzutreten haben. Schon nach dem LBG. wird der Vergütungsanspruch verschieden bezüglich der Pfändung bewertet, je nachdem er Arbeitserfolg ist oder diesen wirtschaftlichen Charakter verliert. Um viel mehr ist eine solche Behandlung der mehreren Bezüge geboten, wenn der eine allein eine Tätigkeit des Schuldners erfordert, der andere ganz ohne Anstrengung gewonnen wird. Die aus der Beschäftigung fließende Vergütung mag beschränkt angreifbar bleiben, wie es zu ihrem Schutze der Gesetzgeber vorsieht; von der daneben dem Schuldner zustehenden Pension oder Rente oder fortlaufenden Unterstützung darf dagegen dem Zugriffe des Gläubigers nur soviel entzogen werden, daß die Vergütung unter Hinzurechnung dieses Betrages die Grenze ihrer Unpfändbarkeit nicht überschreitet.

Anders wird aber zu urteilen sein, wenn neben der einen Beschäftigung in einem privaten Dienstverhältnisse noch eine weitere Tätigkeit in einem ebensolchen Verhältnisse oder einer öffentlich-rechtlichen Stellung entwickelt wird, wobei es ganz gleichgültig ist, welche Arbeitsleistung überwiegend Zeit und Kraft beansprucht. In Fällen dieser Art, die durchaus nicht selten vorkommen — Beispiele liefern der Schutzmann, der neben seinem Amte Hausverwalter ist, der Gerichtsdiener, der zugleich Schreiber bei einem Rechtsanwalte, der Portier, der zugleich Laternen-

[1]) Cohn S. 34—35.

anzünder ist usw. —, verbrauchen die Genannten in höherem Maße und schneller ihre Arbeitskraft, als wenn sie neben ihrer Arbeit im Dienstverhältnisse eine Pension oder Rente empfangen. Dazu kommt: Die Ausfüllung der doppelten Stellung bringt auch oft Ausgaben aller Art und Mehraufwendungen für körperliche Bedürfnisse, Ernährung und Kleidung usw. mit sich, Grund genug, solchen Personen von ihren verschiedenen Arbeitsentgelten, von denen keiner die Pfändbarkeitsgrenze überschreitet, mehr zu schützen als den dem einzelnen Einkommen gesetzlich zugesicherten pfandfreien Betrag.

Nehmen wir an: Der Schutzmann bezieht neben seinem Gehalt von 1500 M. als Portier einschließlich des Wertes freier Wohnung eine Vergütung von 1200 M., so sind an und für sich beide Arbeitsentgelte unpfändbar. Trotzdem erscheint es richtig, etwas von dem Gesamtbetrage seiner Bezüge dem pfändenden Gläubiger einzuräumen. Es empfiehlt sich, so vorzugehen, daß dem Schuldner zunächst von seinen 2700 M. der höhere Betrag verbleibt, der ihm als Beamten pfandfrei zu belassen ist, also 1500 M. + $^1/_3$ von 1200 M. = 1900 M. und sodann von den ihm noch zustehenden 800 M. noch ein kleiner Bruchteil, etwa ein Fünftel, zur Verfügung gestellt wird.

Dagegen müssen andere Grundsätze aufgestellt werden, wenn von den verschiedenen Arbeitsentgelten einer oder beide die Pfändbarkeitsgrenze überschreiten. Hier dürfte es angezeigt sein, von dem höheren pfändbaren Bezuge auszugehen und denselben um vielleicht die Hälfte des anderen Arbeitsentgelts zu erhöhen. Man würde also dem Angestellten eines Bankhauses mit einem Gehalte von 4200 M., der für das Jahr als Buchführer bei einem Kaufmann noch 1200 M. verdient, unter Zugrundelegung der vom Lohn vorgeschlagenen Staffelung als pfandfrei 1500 M. + $^1/_3$ von 2700 M. + 600 M. = 3000 M. zu belassen haben, während der Pfändungsgläubiger 1200 M. erhielte.

Kapitel III.

Der Schutz der Arbeitsvergütung.

Abteilung I. Allgemeines.

So wichtig und notwendig es einerseits ist, der Arbeitsvergütung einen auskömmlichen Schutz zuteil werden zu lassen, um dem Arbeiter seine Schaffenskraft und -lust zu erhalten, so unbedingt erforderlich ist es anderseits, denselben so zu gestalten, daß der Arbeiter den gesunden Kredit, auf den er in Zeiten von Arbeitslosigkeit, Krankheit und Unglücksfällen aller Art in der Familie angewiesen ist, auch wirklich findet, daß also der Gläubiger auch an demjenigen Zugriff nehmen kann, was der Arbeiter als Entgelt seiner Arbeit erwirbt. Beide Interessen müssen sich die Wage halten und in der Herstellung des Gleichgewichts zwischen beiden liegt die Schwierigkeit der Festsetzung richtiger Grenzen für die Pfändbarkeit der Arbeitsvergütung und für ihren Schutz gegen Beschlagnahme begründet. Das Gesetz hat als obersten Grundsatz daran festzuhalten, daß dem Arbeiter die Mittel erhalten werden müssen, um seine Stellung, wie er sie sich geschaffen hat, auch ausfüllen zu können; es muß ihm daher jedenfalls dasjenige belassen, was für seinen und seiner Familie Unterhalt bei einer bescheidenen, seinem Stande entsprechenden Lebensführung erforderlich ist. Daraus ergeben sich sachliche Beschränkungen der Beschlagnahme; daraus ergibt sich aber weiter, daß diese verschieden sein müssen, je nachdem Schuldner nur für sich oder auch für andere zu sorgen hat, aber auch verschieden je nach der Person des pfändenden Gläubigers. Denn da bei Bemessung dessen, was dem Arbeiter als standesgemäßer Unterhalt von der Vergütung zu verbleiben hat, auch der Unterhalt der Familie mit als wichtiger Faktor in die Rechnung eingestellt ist, so folgt daraus, daß von der im allgemeinen zureichenden pfandfreien Summe noch ein Betrag abzuziehen ist, wenn ein Familienglied gegen den Arbeiter als Unterhaltspflichtigen Ansprüche erhebt.

Von diesen Gesichtspunkten ausgehend, muß das LBG. einen gerechten Ausgleich der Interessen der Beteiligten zur Förderung des sozialen Friedens herbeizuführen suchen. Es kann diese Aufgabe aber nur erfüllen, wenn es den Lebensbedürfnissen des einzelnen, wie sie sich heute herausgestellt haben, und auch den sittlichen und rechtlichen Anschauungen der Zeit voll Rechnung trägt.

Ein Gesetz, das dementsprechend die Grenzen des Schutzes der Vergütung gegen Beschlagnahme feststellen soll, muß natürlich absoluten-Charakter haben und das Beschlagnahmeverbot durchführen, unbekümmert darum, ob der Arbeiter außer seiner Lohnforderung noch andere Vermögensbestandteile besitzt, welche als Gegenstand der Zwangsvollstreckung dienen können.

In folgendem soll geprüft werden, was von den aufgestellten Forderungen das LBG. erfüllt und was es schuldig bleibt, ferner, wie Fehler verbessert und Lücken ausgefüllt werden können, ohne auf Einzelfragen allzusehr einzugehen.

Abteilung II. Der Schutz gegenüber nichtbevorrechtigten Gläubigern.

1. Standpunkt des Gesetzes.

Geringe und geringste Arbeitsvergütungen bedürfen am meisten des Schutzes gegen Angriffe der Gläubiger. Die schlechtest bezahlten Arbeiter sind nicht in der Lage, ihre Bedürfnisse einzuschränken; gerade nur zur Bestreitung dieser reicht ihre Vergütung aus, und selbst, wo man bei ihnen mit einer Einschränkung rechnen kann, bietet die Möglichkeit einer solchen noch keinen hinreichenden gesetzgeberischen Grund für einen Zwang hierzu[1]). Trotzdem darf man aber auch diese kleinsten Einkünfte nicht durchaus dauernd der Beschlagnahme entziehen. Da der Arbeiter, von dem die Rede ist, in der überwiegenden Mehrzahl der Fälle keine Rücklagen vom Lohne machen kann, ist gerade er in hohem Grade auf Kredit in Zeiten der Not angewiesen. Sein Lohn, das Produkt seiner Arbeitskraft und -tätigkeit, muß daher zunächst unangefochten in seine Hände gelangen können, damit er davon seine und der Seinigen unentbehrliche Lebensbedürfnisse befriedigen kann; nur insoweit wird sich eine Beschlagnahme dieser geringen und geringsten Vergütungen rechtfertigen lassen, als der Arbeiter ihrer zu dem genannten Zwecke nicht bedarf.

---

[1]) KommB. S. 24.

Dies ist auch der Standpunkt des Gesetzgebers, wenn er eine Beschlagnahme der genannten Löhne (in § 1 des Gesetzes) erst zuläßt, „nachdem die Leistung der Arbeiten oder Dienste erfolgt und nachdem der Tag, an welchem die Vergütung . . . zu entrichten war, abgelaufen ist, ohne daß der Vergütungsberechtigte dieselbe eingefordert hat".

Diese Vorschriften in ihrer Gesamtheit bezeichnen nicht nur die Voraussetzungen, unter denen, sondern auch vor allem den Zeitpunkt, von dem ab eine Beschlagnahme der in Rede stehenden Vergütungen überhaupt nur statthaft ist.

2. Der Endzeitpunkt des Schutzes der Lohnforderung.

a) Bei Einforderung,

b) Bei Nichteinforderung des Lohnes.

Mit dieser Bestimmung ist ein sehr glücklicher Griff getan: Unter Vermeidung der Begriffe „zukünftiger", „fälliger", „verdienter Lohn", an welche sich viele Streitfragen knüpften[1]), ist der durch keinerlei Rücksichten beeinflußte freie Wille des Arbeiters, den er sich angesichts seiner allgemeinen wirtschaftlichen Lage und seiner besonderen Bedürfnisse am Zahltage, dem Ende jeder einzelnen Lohnperiode, bildet und zum Ausdrucke bringt, zum allein entscheidenden Moment für die Beschlagnahmefähigkeit seines Lohnes (scil. in der Grenze der Unpfändbarkeit) gemacht. Braucht der Arbeiter den Lohn und fordert ihn ein, so bleibt er von der Pfändung verschont; erhebt er ihn aber nicht am Zahltage, so gibt er damit nach der in der Vorschrift des § 1 liegenden Vermutung zu erkennen, daß er ihn zum Leben nicht notwendig benötigt und der Beschlagnahme nicht weiter entziehen will.

Dies Selbstbestimmungsrecht des Arbeiters über seine Vergütung bildet einen Grundpfeiler des ganzen Gesetzes! An ihm darf nicht gerüttelt werden! — So wenig wie den Entschlüssen des Arbeiters, seinem Handeln oder Nichthandeln am Zahltage, so wenig sollen auch der Erforschung seines wahren, in seiner Handlungsweise zum Ausdruck kommenden Willens (§ 133 BGB.) Hindernisse in den Weg gelegt werden, wie letzteres die

[1]) Koch, Über die Zulässigkeit der Beschlagnahme vom Arbeits- und Dienstlohn 1869 S. 50.

Rechtsprechung und -wissenschaft in einem unangebrachten Formalismus heute tut[1]).

Zu Unrecht folgern sie aus der Tatsache der Nichteinforderung des Lohnes am Zahltage ohne Zulassung eines Gegenbeweises den Willen des Arbeiters, den Lohn der Beschlagnahme zugänglich machen zu wollen, selbst in den Fällen, wo der Arbeiter wegen Krankheit oder Abwesenheit, wegen früherer Pfändung der Vergütung, wegen vorheriger Zahlungsweigerung oder Zahlungsunfähigkeit des Arbeitgebers oder aus sonstigen Gründen die Einforderung unterließ.

Gerade das Gegenteil folgt aber aus der Entstehungsgeschichte[2]) der angeführten Gesetzesstelle: Nach den begründenden Worten des Antragstellers, Abgeordneten Reichensperger sollte „der Gedanke maßgebend sein, daß der Arbeiter den gesetzlich gewollten Schutz genießt, so lange er nicht durch seine Handlungen zu erkennen gegeben, daß er dem Arbeitgeber Kredit geben wolle, indem er seinen Lohn an dem bestimmten Tage nicht einforderte". Und der Berichterstatter, Abgeordnete Dr. Lasker, fand „die Rücksicht, daß der Arbeitgeber imstande gewesen sein muß, den Lohn zu realisieren, ehe dieser der Exekution unterworfen wird, durch den Gedankengang des Amendements gut gewahrt".

Wirtschaftlich betrachtet ist dies auch zutreffend: Soll der Arbeiter des Pfändungsprivilegs ohne weiteres verlustig gehen, weil er am Fälligkeitstage den Lohn einzuziehen nicht imstande war? Soll angenommen werden, daß er ihn nicht erheben wollte, weil er ihn nicht erheben konnte und daß er denselben für die Bestreitung seiner Lebensbedürfnisse nicht benötigte, weil er durch irgendeinen Umstand behindert war, die Tätigkeit des Einforderns auszuüben? Und soll er gezwungen sein, pro forma wegen Auszahlung des Lohnes beim Arbeitgeber vorstellig zu werden, wenn dieser ihm bereits erklärt hatte, nicht zahlen zu können oder zu wollen?

Auch das Recht zwingt nicht zur Annahme der Unanfechtbarkeit der an die Nichteinforderung geknüpften Gesetzesvermutung.

---

[1]) Falkmann S. 770 und die dort Zitierten.

[2]) StenBer. II S. 980.

Allerdings gestattet es in einer Reihe von Fällen, in denen es an Stillschweigen und unterlassenes Handeln die Vermutung eines bestimmten Willens knüpft, nicht die Widerlegung desselben. In diesen ist aber eine Aufforderung zu bestimmter Erklärung gesetzlich, vertrags- oder verkehrsmäßig zu verlangen und verlangt, besteht also eine Pflicht zum Reden oder Handeln für den Aufgeforderten. In allen übrigen Fällen, wo eine solche Pflicht nicht besteht[1] — und hierzu rechnet die Einforderung in § 1 unseres Gesetzes —, wird man in dem Schweigen oder Unterlassen keinen unwiderleglichen Beweis für die Willensrichtung erblicken dürfen. Auch handelt es sich in § 1 unseres Gesetzes um eine praesumtio facti, einen jener Fälle, in denen bei einer gegebenen Sachlage, der Erfahrung des Lebens entsprechend, eine Tatsache kraft freier Beweiswürdigung als gewiß angesehen wird. Bei diesen muß um so eher ein Gegenbeweis zulässig sein, als § 292 ZPO. einen solchen selbst bei den praesumtiones juris gestattet, Rechtssätzen, welche den Richter bei Feststellung eines Tatbestandes zu bestimmten Schlußfolgerungen zwingen[2].

Somit wird schon de lege lata, jedenfalls de lege ferenda bei der Nichteinforderung des Lohnanspruchs dem Einwande des Arbeitnehmers Raum zu geben sein, daß er die Forderung nicht als Kapital, Sparpfennig oder Kaution für zukünftige Ansprüche des Arbeitgebers bei diesem stehen lassen und ihm auch nicht Stundung gewähren wollte, daß er vielmehr infolge äußerer Umstände in seiner oder des Arbeitgebers Person nicht imstande war, sie einzuziehen[3]. Der Wille des Arbeitenden entscheidet eben souverän über die Zulässigkeit einer Pfändung seiner Bezüge (bis zu 1500 M.)!

Dieser Grundsatz gilt ebenso bei der im voraus, wie nachträglich zahlbaren Vergütung: Verschiebt sich bei letzterer, wie gezeigt, die Grenze ihrer Pfändbarkeit zufolge Einforderung oder in den derselben gleichzustellenden Fällen der Nichteinforderung über den Zahltag hinaus, so bei ersterer bis zur Fertigstellung der in einer Lohnperiode zu leistenden Arbeiten, weil vorher

---

[1]) Rehbein, BGB. I S. 153, 154.

[2]) Gaupp-Stein, ZPO. § 292 Anm. 1.

[3]) OLG. 10 S. 384 läßt bereits dem Arbeiter für die Einforderung einen den Verhältnissen angemessenen Zeitraum frei.

diese Vergütung (bis zu 1500 M. für das Jahr) überhaupt unpfändbar ist.

c) Bei nachträglicher Willensänderung des Arbeiters.

Dieselben gewichtigen Stimmen[1]), welche einen Beweis gegen die aus der Nichteinforderung des Lohnes am Fälligkeitstage sich ergebende gesetzliche Vermutung nicht zulassen, weil der darin zum Ausdruck gekommene Wille des Arbeitenden die hierdurch eingetretene Wirkung der Pfändbarkeit bzw. Unpfändbarkeit des Lohnes unabänderlich bestimmt, vertreten folgerichtig die Rechtsansicht, daß eine Verschiebung der zeitlichen Grenzen der Beschlagnahme durch nachträgliche Willensänderung nicht gestattet ist.

Aus denselben Gründen aber, aus denen der Arbeitende gegen die gesetzliche, aus der Nichteinforderung des Lohnes sich ergebende Vermutung ankämpfen kann, aus denselben ist er auch zum Widerrufe oder zur Abänderung seiner ursprünglichen Erklärung befugt: Sein Wille ist frei und kann solange eine andere Richtung einschlagen — sei es, daß die Einforderung nachträglich erfolgt oder später widerrufen werden soll — als seine nachträgliche Äußerung nicht in ein inzwischen begründetes Recht eines Dritten eingreift.

Der neuerliche Entschluß des Arbeitenden, die Lohnforderung zum Zwecke der Befriedigung seiner Lebensbedürfnisse zu erheben, ist deshalb wohl beachtlich und die Einforderung des Lohnes nach ursprünglicher Nichteinforderung am Zahltage voll wirksam, wenn nicht in der Zwischenzeit seine Pfändung stattgefunden hat. — Nicht anders steht es mit dem Widerrufe der vergeblichen Lohneinforderung am Zahltage: Dieser kann nicht störend in das Recht eines anderen eingreifen, weil die Einforderung ja für den Arbeitenden den Gesetzesschutz für seine Vergütung aufrecht erhielt und der Widerruf erst freie Bahn für den Zugriff des Gläubigers schafft. Auch ein solcher Widerruf ist aus diesem Grunde rechtlich zulässig.

3. Endzeitpunkt des Schutzes des ausgezahlten Lohnes.

Derjenige Augenblick, wo die vergeblich eingeforderte und amit über den Zahltag hinaus gegen Beschlagnahme geschützte

[1]) Falkmann S. 770; Lotmar I S. 406; Sigel, Der gewerbliche Arbeitsvertrag, S. 105, und die bei Falkmann aaO. Anm. 38 Zitierten.

Lohnforderung ihren Schutz naturgemäß einbüßen muß, ist der Augenblick der Auszahlung.

Wenn das LBG. trotzdem in § 1 selbst über diesen Zeitpunkt hinaus die „Vergütung" gegen den Zugriff eines Gläubigers sichert und den schon in den Händen des Arbeiters befindlichen Lohn noch für die Zwischenzeit zwischen dem Auszahlungsmomente und dem Endpunkte des Zahlungstages der Zwangsversteigerung — als bewegliche Sache — entzieht, so tut es dies aus sehr guten, in dem Berichte der Reichstagskommission[1]) auseinandergesetzten Gründen, denen durchaus beizutreten ist. Nur muß dieser Schutz, um wirksam zu sein, viel weiter ausgedehnt, entsprechend der Bestimmung des § 811 Nr. 8 ZPO. bis zum nächsten Zahltage erstreckt werden und in dem ebengenannten Paragraphen, welcher die der Pfändung nicht unterworfenen Sachen aufführt, seinen Ausdruck finden: Lohnforderung und ausgezahlter Lohn können nach der Struktur der ZPO. bezüglich der Unpfändbarkeit nicht einem und demselben Gesetze unterstehen, wenn sie auch bezüglich des Umfanges ihrer Sicherung nach gleichen Grundsätzen behandelt werden sollen. Zur nötigen Klarstellung wird daher, wie es Cohn[2]) bereits vorgeschlagen hat, das Beschlagnahmeverbot bezüglich der Lohnforderung in unser Gesetz, dasjenige des Lohnbetrages in § 811 ZPO. aufzunehmen sein, und zwar wird sich dies in § 1 des LBG. einfach dadurch herbeiführen lassen, daß hinter den Worten „Befriedigung des Gläubigers" der Zusatz „gemäß § 828ff. ZPO." eingefügt wird.

Weiter wird, wenn eine Änderung des § 811 aaO. zunächst nicht in Aussicht steht[3]), zur Beseitigung von Zweifeln in einem

[1]) StenBer. III S. 537. „Zwei Rücksichten entscheiden: Die Rechtsverhältnisse lassen sich, wenn für deren Wirksamkeit eine allgemeine Zeitgrenze aufgesucht wird, überhaupt nicht gut nach Augenblicken regeln. Es war deshalb schon aus dieser Rücksicht gut, den Zahltag als ein Ganzes zu behandeln. Überdies würde das Gesetz, wenn es dem Gläubiger oder Gerichtsvollzieher gestattete, mit dem Arbeiter gleichzeitig am Zahltische zu erscheinen und statt des letzteren den Lohn in Empfang zu nehmen oder die Auszahlung zu verhindern, nur zu größerer Sorgfalt den Gläubiger zwingen und den größten Teil seines Wertes einzubüßen."

[2]) aaO. S. 46.

[3]) Die Umgestaltung der ZPO. soll nach einer Erklärung der Reichsregierung erst nach der Reform des Strafrechts und -prozesses erfolgen, wird also noch viele Jahre auf sich warten lassen.

Zusatze zu § 1 unseres Gesetzes die Beschlagnahme des eingeforderten und ausbezahlten Lohnes von dem auf den Zahltag folgenden Tage an gemäß § 808 ZPO. für zulässig zu erklären sein, soweit sie nicht durch § 811 ZPO. Einschränkungen erleidet.

4. Höhe des pfandfreien Betrages.

Ein Ruf nach Erweiterung der seit dem 1. Oktober 1879 auf 1500 M. für das Jahr festgesetzten Pfändbarkeitsgrenze [1]) ist vor einer Reihe von Jahren vom Deutschen Bankbeamtenvereine ausgegangen, hat schnell bei großen Verbänden, den Vertretungen der Handelswelt und des Handwerks sowie bei Kaufmannsgerichten Widerhall gefunden und ist daher von Jahr zu Jahr lauter erhoben worden, so daß auch Reichstag und Reichsregierung sich ihm nicht haben verschließen können. Der auch in den Beschlüssen des Reichstages [2]) zum Ausdruck gekommene Wunsch nach Erhöhung des pfandfreien Betrages der Arbeitsvergütung ist durchaus berechtigt. Die geradezu ungeheuren Veränderungen, welche seit 45 Jahren [3]) im Wirtschaftsleben eingetreten sind, insbesondere die mit dem wachsenden Wohlstande des Volkes sich mehrenden Bedürfnisse des einzelnen, die stetig steigenden Preise der notwendigen Lebensmittel und das im Laufe dieser Zeit eingetretene Sinken der Kaufkraft des Geldes machen es für die Gesetzgebung zur unabweislichen Pflicht, dieser wirtschaftlichen Entwickelung schnellstens zu folgen.

Wie die Erweiterung der Pfändbarkeitsgrenze zu gestalten sei, hat Cohn in seinem öfter erwähnten Aufsatze klar und zutreffend auseinandergesetzt und ist bei seinen Erörterungen zu Vorschlägen gekommen, welche als gut und sehr beachtenswert bezeichnet werden müssen. In der richtigen Erkenntnis, daß für den gleichen Zweck, die Erhaltung der Existenz des Arbeiters, nicht immer ein und derselbe Betrag erforderlich und ausreichend ist, verläßt er das System der LBG., welches den pfandfreien Betrag für alle Fälle und alle Einkommen ziffernmäßig fest begrenzt.

---

[1]) RT. XII. Leg.-P. Sess. 1, Sten. Pet.-KommB. 83, 4551, Nr. 731; Erlaß des Reichsamts d. Inn. v. 27. Juni 1908 (Hand. u. Gew., 15, 680).

[2]) Siehe vorige Anmerkung und der neuerliche Beschluß vom 27. Mai 1913 (Sitzung 152 des Reichstages).

[3]) Am 30. Jan. 1877 wurde die ZPO. Gesetz.

Er beläßt aus den früher angegebenen Gründen eine Vergütung bis zu 1500 M. für das Jahr als pfandfrei dem Arbeiter und erhebt im übrigen die Höhe seines Lohnes zum Maßstabe der Pfändbarkeitsgrenze, berücksichtigt also damit seine Stellung, die mit dieser unvermeidlich verbundenen Aufwendungen und die örtlich verschiedenen wirtschaftlichen Verhältnisse, welche verschiedene Summen zum Unterhalte erfordern; er räumt aber auch der Verschiedenartigkeit der Familienverhältnisse des einzelnen Arbeiters einen entscheidenden Einfluß auf die freizulassende Quote des Lohnes ein und nähert sich damit sehr jener Genauigkeit der richterlichen Kompetenz, d. h. der Bestimmung des beschlagfreien Lohnes durch richterliche Festsetzung, welche er verwirft, weil sie durch das langwierige und kostspielige Verfahren, sowie vor allem durch die nicht ganz auszuschließende Rechtsunsicherheit sich nicht eignet, eine richtige Begrenzung der Lohnbeschlagnahme herbeizuführen.

Er schlägt vor[1]):

1. In Gehälter bis zu 1500 M. ist, wie bisher, die Zwangsvollstreckung gänzlich unzulässig;
2. Gehälter von 1500—4500 M. dürfen in der Regel mit einem Drittel, bei Familienhäuptern mit einem Fünftel des 1500 M. übersteigenden Betrages gepfändet werden;
3. Höhere Gehälter sind mit dem Betrage von 1500—4500 M. wie zu 2 und mit dem 4500 M. übersteigenden Betrage in der Regel zur Hälfte, bei Familienhäuptern zu drei Zehnteln der Beschlagnahme unterworfen.

Dieses System gibt allerdings, wie Cohn selbst zugesteht, nicht jeder denkbaren Modifikation nach.

Aber abgesehen davon, daß es ausgeschlossen ist, jede solche zu berücksichtigen, liegt auch die Notwendigkeit hierzu nicht vor: Die nach der aufgestellten Staffelung als pfandfrei dem Arbeiter und Schuldner zu belassenden Beträge sind derartig hohe, daß selbst besondere Umstände des einzelnen Falles hinreichend berücksichtigt sind. Man denke: bei einem Gehalte von 2000 M. sind in der Regel 1833,33 M., bei Familienhäuptern sogar 1900 M. pfandfrei; bei Einkommen von 3000 M. erhöhen sich diese Beträge auf 2500 bzw. 2700 M.; bei 4000 M. auf 3166,66 bzw.

[1]) aaO. S. 32.

3500 M.; bei 5000 M. auf 3750 bzw. 4250 M., und bei 6000 M. auf 4250 bzw. 4950 M. usw.

Durch solche dem Schuldner verbleibenden Beträge wird erreicht werden, was auch Cohn als höchstes Ideal einer Lohnbeschlagnahme vorschwebt: daß der Schuldner trotz ihrer seine Position auszufüllen vermag, nicht zum Stellenwechsel und zu Versuchen, die Pfändung zu vereiteln, gezwungen wird, und der Gläubiger, wenn auch langsam, auf erfolgreiche Durchführung seiner Lohnbeschlagnahme rechnen kann.

Exkurs.

Verträge zur Vereitelung einer Beschlagnahme.

Der Gesetzgeber ist darauf bedacht gewesen, alle Verträge, welche den Zweck dieses Gesetzes, den Schutz der Vergütung im Rahmen des § 1, vereiteln könnten, für rechtsunwirksam zu erklären, und hat zu diesem Zwecke den § 2 geschaffen. Indessen von dieser Bestimmung werden diejenigen Verträge zwischen Arbeitnehmer und Arbeitgeber nicht berührt, welche die Vereitelung einer zulässigen Beschlagnahme herbeizuführen bestimmt sind.

Diese Verträge haben in erschreckender Weise zugenommen und sind als Symptome dafür zu betrachten, daß die bestehende Gesetzesbestimmung (§ 4 Nr. 4 des LBG.) angesichts einer Gehaltsbeschlagnahme weit entfernt, dem Schuldner den standesgemäßen Unterhalt zu sichern, ihm kaum die für die Notdurft des Lebens erforderlichen Mittel beläßt und ihn geradezu zwingt, durch fraudulose Geschäfte das Gesetz zu umgehen.

Diese Verträge kommen in verschiedenen Formen vor: Häufig wird angesichts einer drohenden oder bestehenden Pfändung eine Änderung der Anstellungsbedingungen des Arbeitenden, sein Verbleiben für geringes Gehalt oder Übergang in eine andere, geringer bezahlte Stellung oder sein völliges Ausscheiden aus derselben vereinbart, und der Pfandgläubiger hat dann das Nachsehen, weil sein Schuldner als freier Herr seiner Arbeit nicht nötig hat, seine Tätigkeit in einer Gestalt und Form auszuüben, die es dem Gläubiger ermöglicht, Beschlag auf ihren Ertrag zu legen[1]). Gegen die Unterlassung der Ausnutzung der vollen

---

[1]) RG. 69 S. 60; 81, 41; JW. 1912 S. 689 u. a.

Arbeitskraft des Schuldners und die Nichtfestsetzung der vollen Entschädigung der Arbeit kann der Gläubiger nicht mit Erfolg ankämpfen. Er wird es so lange nicht können, als nicht ein Zwang zur Arbeit eingeführt wird, und das wird wohl nie geschehen. So ist es in gar vielen Fällen dem Belieben des Arbeitgebers anheimgestellt, ob er seinen Angestellten dem Pfandgläubiger ausliefern oder ihn vor Zugriff schützen will, und damit von persönlicher Willkür des Arbeitgebers oft die wirtschaftliche Existenz des einzelnen oder einer ganzen Familie auf der einen und die Durchführung eines wohlerworbenen Rechtsanspruchs auf der anderen Seite abhängig gemacht.

Muß man diese Art von Abreden nun wohl oder übel still hinnehmen, so muß man energisch gegen die jetzt beliebten sogenannten 1500-Mark-Verträge Front machen[1]), welche der Rechtsprechung des Reichsgerichts[2]) ihre Daseinsberechtigung verdanken. Inhalts derselben zahlt abredegemäß der Arbeitgeber seinen Angestellten ein Jahresgehalt von 1500 M. aus, während er alles, was er sonst darüber hinaus für die Arbeiten als Vergütung zu geben für richtig befindet, der Ehefrau, der Mutter, den Kindern, überhaupt den nächsten Verwandten des Angestellten zuweist. Die Parteien scheuen sich gar nicht, einzugestehen, daß sie lediglich durch die Entscheidungen des Reichsgerichts erst auf den Gedanken kommen, den ursprünglich anders lautenden Vertrag in solcher Weise umzuändern[3]). Da bei den unteren Gerichten gegen diese dem Rechtsgefühl des Volkes widersprechenden Urteile eine große Abneigung besteht, so wird ihnen oft ein Mäntelchen umgehängt, z. B.: Der Schuldner weist den Arbeitgeber an, einen Teil der von ihm in jedem Monate verdienten 250 M. im Betrage von 150 M. an seine Frau zu zahlen, welche diese Anweisung durch Beitritt zum Vertrage ihres Mannes annimmt, ohne ihrerseits dafür Dienste zu leisten[4]).

Oder aber die Ehefrau läßt sich pro forma mit anstellen, übernimmt z. B. die Aufsicht über eine Abteilung des Geschäfts-

[1]) Der Herr Staatssekretär des Reichs-Justizamts erklärte am 10. Febr. 1913 im Reichstage, in eine Prüfung der Frage eintreten zu wollen, wie diesen Verträgen, welche sich in letzter Zeit sehr gemehrt hätten, zu begegnen wäre.

[2]) s. Anmerkung vorige Seite.

[3]) Jahrbuch des Kaufmannsgerichts 3 S. 238 ff.

[4]) Bl. f. Rpfl. 12 S. 80.

betriebes, während der Ehemann der Leiter desselben bleibt, und bezieht als solche eine Besoldung, welche im Vergleich zu ihrer Tätigkeit und im Vergleich zur Honorierung des Ehemannes, der nur 1500 M. erhält, viel zu hoch bemessen ist [1]). Oder der Mann scheidet nach Zustellung des Pfändungsbeschlusses aus seinem Dienstverhältnis aus und seine Frau tritt in diese seine Stellung ein; trotzdem ist er aber weiter tätig. Seine Ehefrau aber, die sich um das Geschäft nicht bekümmert, gilt von nun an als Angestellte, für die ihr Ehemann alle erforderlichen Geschäfte besorgt [2]).

So sehr sich auch das Rechtsgefühl des Volkes gegen solche Machenschaften wendet, und insbesondere die unteren Gerichte die Rechtswirksamkeit solcher Verträge im Gegensatz zum Reichsgericht verneinen, so sehr tragen die Obergerichte dem Rechtsstandpunkte des Reichsgerichts meistens Rechnung, um sich mit dem obersten Gerichte nicht in Widerspruch zu setzen und um den Parteien Kosten zu ersparen, die sie bei Anrufung der höchsten Instanz treffen würden. Wohl mit Rücksicht auf die an sein Ohr tönende Stimme der allgemeinen Empörung des Volkes hat das Reichsgericht seine Stellungnahme zu der Frage der Lohnübertragung zugunsten dritter Personen, wie sie in der Entscheidung vom 3. März 1908 (Entsch. 69 S. 60) zutage trat, in neueren Urteilen vom 2. April und 29. November 1912 (JW. 12 S. 689[13] u. 13, 198[9]) etwas gemildert: Hatte es dort ganz allgemein den Satz aufgestellt, daß ein Schuldner rechtlich nicht gehindert sein sollte, nach seinem Belieben über sein Gehalt so zu disponieren, daß es dem Zugriff der Gläubiger entzogen würde, und demgemäß den vorbezeichneten Vertrag gutgeheißen, so hat es in der neueren Entscheidung nicht mehr die Möglichkeit der Sittenwidrigkeit eines solchen Vertrages schlechthin verneint; aber es erblickt in ihm doch nur dann einen Verstoß gegen die guten Sitten, wenn der angestellte Ehemann den Vertrag in der Absicht geschlossen hätte, seinen Gläubigern das ihm zustehende, noch zu erwartende Entgelt als Gegenstand für ihre Befriedigung der äußeren Form nach zu entziehen, gleichzeitig aber den Genuß dieses Entgeltes nur sich selbst, unter Vernachlässigung seiner Unterhaltspflicht gegenüber seiner Familie zu sichern und wenn ferner der Arbeitgeber in Kenntnis dieser Absicht

[1]) Jahrb. d. KfmG. III S. 240.
[2]) eod. l. S. 241.

deren Verwirklichung dem Ehemann bewußt ermöglicht hätte. Es nimmt also ein sittenwidriges Verhalten des Arbeitgebers nicht an, wenn er wußte oder doch Grund hatte zu glauben, der Angestellte bezwecke durch den Vertragsschluß nur den notdürftigen Lebensunterhalt für seine Familie, den er zu beschaffen hat, zu sichern, und er habe die Absicht, daneben nach Kräften sich um die Befriedigung seiner Gläubiger zu bemühen. Dieser Rechtsstandpunkt des Reichsgerichts in der zuletzt angeführten Entscheidung ist für das heutige Recht wohl zu billigen. Das Gericht erkennt an, daß § 4 Nr. 4 LBG. dem Arbeitenden nicht einmal das Existenzminimum genügend sicher stellt, und daß ihm die Ausfüllung seiner Stellung angesichts einer Beschlagnahme unmöglich gemacht wird. Es erblickt darin eine unsoziale Härte, deren Umgehung für den Schuldner geradezu eine Lebensfrage bilden kann. Daher ist sein Bestreben, der Familie durch diese Verträge den notwendigen Unterhalt zuzuführen, verständlich.

Aber für eine Neugestaltung des Gesetzes darf nicht der vom Reichsgericht gewiesene Weg weiterverfolgt, muß vielmehr derartigen Verträgen ein kräftiger Riegel vorgeschoben werden.

So verlockend es auf den ersten Blick an sich auch erscheint, in jedem einzelnen Falle in eine genaue Prüfung der Verhältnisse des Schuldners und der Absichten der Parteien einzutreten, so schwere Bedenken ergeben sich hiergegen. Schon die Feststellung des „notdürftigen Unterhalts" ist selbst bei ganz genauer Kenntnis aller in Betracht kommenden Umstände schwer richtig zu treffen. Dem einen erscheint das notwendig, was ein anderer nicht dafür hält; selbst die Gerichte gehen in ihren Urteilen hierüber oft auseinander. Einen objektiven Maßstab für richtige Bemessung des notdürftigen Unterhalts im einzelnen Falle gibt es nicht. Soll nun dem Arbeitgeber, der mit dem Angestellten einen Vertrag schließen will, zugemutet werden, hierüber eine Entscheidung zu treffen [1])? Und soll er zur Verantwortung gezogen werden dürfen, wenn die Gerichte das Maß des Notbedarfs anders beurteilen als er selbst? Und weiter: soll er haftbar sein, wenn er im Vertrauen auf die tatsächlichen Angaben seines Angestellten über seine Unterhaltspflichten den Vertrag tätigte und diese sich im

[1]) Vgl. JW. 13 S. 295 f.

Prozesse als unwahr oder übertrieben erweisen? Oder wenn der Angestellte ihn über seine wahren Absichten, die er mit dem Vertragsabschlusse verfolgt, nicht richtig aufklärt und ihn täuscht? Und würde der Pfandgläubiger dann leer ausgehen müssen, weil der Arbeitgeber des Glaubens war, der Angestellte bezwecke durch die Vereinbarung nur die Sicherstellung des notdürftigen Unterhalts für seine Familie, während er statt dessen sich den Genuß seiner Bezüge voll selbst sicherte? Das wäre nicht zu rechtfertigen. Die Folge solcher Gesetzgebung wäre eine bedenkliche Rechtsunsicherheit für alle Beteiligten in einer so wichtigen Sache und im Zusammenhange damit häufiges, teures und langwieriges Prozessieren zwischen Arbeitgeber und Gläubiger.

Nein! Fester und keiner dehnbaren Grundsätze bedarf es hier, einer Bestimmung, welche die Beurteilung der Verhältnisse des einzelnen durch den einzelnen ganz ausschaltet und scharf die Grenze bezeichnet, bei welcher ohne Ausnahme die Sittenwidrigkeit beginnt. Und diese ist mit der vom Landrichter Cohn vorgeschlagenen Skala der pfandfreien Teile des Gehaltes durchaus richtig gezogen. Jene Abstufung trägt bereits allen Anforderungen Rechnung, welche die Stellung des Angestellten mit sich bringt und seine Pflichten gegen seine Familie erheischen, gewährleistet also bereits den standesgemäßen Unterhalt des Arbeitenden und räumt damit dem Schuldner alles dasjenige ein, worauf er — selbst nach Ansicht des Reichsgerichts — füglich Anspruch erheben kann.

Hierauf gestützt, wird in Zukunft ein Vertrag des Arbeitgebers und -nehmers, der über diesen Betrag hinaus einem Dritten Rechte auf das Gehalt einräumt, stets als ein die Gläubiger schädigender, sittenwidriger mit Fug und Recht anzusehen sein. Ist solches bestimmt, so werden gesunde Verhältnisse geschaffen. Das schließt nicht aus, daß der Arbeiter einmal oder auch mehrmalig bei einer sich ergebenden Notwendigkeit Teile seiner pfändbaren Bezüge der Ehefrau übereignet, wie der Arbeitende ja zurzeit überhaupt stets berechtigt ist, über die nicht pfändbaren Teile seiner Bezüge Verfügung zu treffen [1]).

---

[1]) Hierüber siehe Teil II der Arbeit.

Abteilung III. Der Schutz der Vergütung gegenüber bevorrechtigten Pfandgläubigern.

A. Das Pfändungsvorrecht der Unterhaltsberechtigten.

1. Standpunkt des Gesetzes.

Das LBG. hat gewissen Personen — den unterhaltsberechtigten Verwandten des Schuldners, also seinen ehelichen, legitimierten, an Kindesstatt angenommenen Kindern, weiter seinen Eltern und Großeltern sowie seinem Ehegatten (auch dem früheren), endlich auch den unehelichen Kindern — wegen ihrer Unterhaltsbeiträge in §§ 4 Nr. 3 und 4a des Gesetzes ein Vorrecht in bezug auf Beschlagnahme des Arbeits- und Dienstlohnes eingeräumt. Daß gegenüber den genannten Forderungen dieser Personen die Vergütung in weiterem Umfange der Beschlagnahme zugänglich ist, als bei dem Zugriffe anderer Gläubiger, hat seinen guten Grund: Die Unterhaltsforderungen erheischen eine weitergehende Berücksichtigung in bezug auf Befriedigung als andere Forderungen, weil wichtige Lebensinteressen auf dem Spiele stehen, der Lebensunterhalt schnell und sicher beschafft werden muß und weil auch in demjenigen Lohnteile, der gemeinhin der Beschlagnahme eines jeden Gläubigers verschlossen ist, also in dem unpfändbaren Lohnquantum, schon ein Betrag enthalten ist, der für die Unterhaltsgewährung an die Verwandten — so seien der Kürze halber alle eingangs genannten Unterhaltsberechtigten genannt — bestimmt ist. Daher fallen, wenn eine Beschlagnahme von seiten dieser Personen ausgebracht werden soll, die festen Wälle, welche sonst als Bollwerke zum Schutze der Arbeitsvergütung gegen Angriffe der Gläubiger errichtet sind: es ist dann auch der sonst unpfändbare Teil der Vergütung, sogar ohne Rücksicht auf die sonst für eine Beschlagnahme gezogenen zeitlichen Schranken, also auch vor Leistung der Arbeit, Ablauf des Zahltages und Einforderung der Vergütung angreifbar, man spricht daher von einem *Pfändungsvorrechte* der Verwandten.

Um aber einer übermäßigen und damit ungerechtfertigten Inanspruchnahme der Vergütung von seiten der Genannten vorzubeugen, sind der Geltendmachung ihres Vorrechts sachliche und *zeitliche* Beschränkungen auferlegt; sachlich wird nur die „kraft Gesetzes zu entrichtende", also diesen Umfang nicht überschreitende, wenn auch in dieser Höhe vereinbarte Unterhaltsforderung der Vergünstigung teilhaft und zeitlich ist die bevorrechtigte Art der Beschlagnahme nur „für die Zeit nach Erhebung der Klage und das diesem Zeitpunkte vorausgehende letzte Vierteljahr" gestattet.

2. Der Umfang des Vorrechts.

a) In zeitlicher Beziehung.

Nach diesen Bestimmungen des Gesetzes scheint das den Unterhaltsberechtigten zuerkannte Vorrecht richtig begrenzt zu sein, angemessen die Rechte der Verwandten zu wahren, dabei doch dem Anspruche des unterhaltspflichtigen Arbeiterschuldners auf seinen Eigenbedarf und der nicht bevorrechtigten Gläubiger auf Befriedigung gebührend Rechnung zu tragen. Aber es geht doch, wenn es auch schon in der AllgGOrd. (Anhang § 168) und demnächst in dem Norddeutschen Entwurfe der ZPO. § 1010 Nr. 8 Abs. 2 den Unterhaltsberechtigten gegenüber dem Diensteinkommen und der Pension der unterhaltspflichtigen „Militärpersonen, Zivilbeamten und Pensionisten" in diesem Umfange zuerkannt war, bedeutend weiter, als dies auf den ersten Blick ersichtlich ist.

Nach den Motiven zur ZPO.[1]) sollte es zeitlich nur auf die „laufenden Alimente" beschränkt, den Unterhaltsberechtigten also nur so weit gewährt sein, als die Unterhaltsbeiträge zur Fortexistenz des Schuldners nicht notwendig gebraucht werden. Indessen erstreckt es sich tatsächlich oft auf sehr lange Zeiträume:

Es kann vorkommen, daß ein Unterhaltsberechtigter neben laufenden und zukünftigen für lange Jahre rückständige Unterhaltsbeiträge durch Lohnbeschlagnahme beitreibt (§§ 1613, 1360 Abs. 3, 1580 Abs. 3, und 1711 BGB.). Da diese alle „für die Zeit nach Klageerhebung und das diesem vorausgehende letzte Vierteljahr" geschuldet werden, gelten sie sämtlich als „laufende" im Sinne des Gesetzes, wiewohl sie nach dem Sprachgebrauche als rückständige anzusprechen sind, genießen also sämtlich das Pfändungsvorrecht. So unglaublich es erscheint, es kann auf diese Weise ein Unterhaltsberechtigter nicht nur nach 4, 10, 20, sondern noch nach 29 Jahren wegen rückständiger Unterhaltsbeiträge Lohn und Gehalt in vollem Umfange beschlagnahmen! Verjährt sind

[1]) Motive zum § 850, früheren § 749 ZPO. (§ 696 des Entwurfes).

diese Forderungen, soweit sie im Urteile als schon fällige zugesprochen werden, erst nach 30 Jahren von Rechtskraft der Entscheidung ab, während sie, soweit sie als künftig fällige zuerkannt werden, „schon" in vier Jahren, vom Schlusse des Jahres an, in dem die einzelne Leistung zu erfolgen hatte, der Verjährung unterliegen (§§ 218, 197, 201 BGB.).

b) In sachlicher Beziehung.

In sachlicher Hinsicht ist das Pfändungsvorrecht den Verwandten (im eigentlichen Sinne) und dem Ehegatten ebenso wie dem unehelichen Kinde nur wegen der „kraft Gesetzes zu entrichtenden Unterhaltsbeiträge" eingeräumt, erfaßt aber die Vergütung in verschiedener Weise, je nachdem deren Beschlagnahme von dem einen oder anderen der Genannten bewirkt wird. (Dabei wird immer vorausgesetzt, daß die Vergütung das einzige Exekutionsobjekt des Schuldners bildet!)

Die Pfändung des unehelichen Kindes beläßt dem Vater von seiner Vergütung unter allen Umständen einen Betrag für seinen eigenen notdürftigen Unterhalt, die Pfändung des Verwandten nicht in jedem Falle, wie alsbald gezeigt werden soll.

Das hat seinen Grund in der verschiedenartigen Gestaltung der Unterhaltspflicht im BGB. Es machen seine Vorschriften die Pflicht des Verwandten im allgemeinen von dessen Vermögens- und Erwerbsverhältnissen abhängig (§§ 1360, 1361, 1579, 1603 daselbst); die Ansprüche des unehelichen Kindes gegen seinen Vater sind indessen solchen Beschränkungen (abgesehen von dem bestimmten Ausnahmefalle des § 1708 Abs. 2) nicht unterworfen. Gegenüber den letzteren Ansprüchen war es daher geboten, dem Schuldner wenigstens im Zwangsvollstreckungsverfahren unter allen Umständen den notdürftigen Unterhalt zu sichern, während die Rechte des unterhaltspflichtigen Verwandten auf seinen eigenen Bedarf nach der Ansicht des Gesetzes schon durch die richterliche Prüfung seiner Verhältnisse vor Feststellung der zu entrichtenden Unterhaltsbeiträge gewährleistet sind.

Der Verwandte und Ehegatte kann daher ohne Einschränkung[1]), das uneheliche Kind dagegen nur über einen bestimmten Betrag hinaus die Vergütung im Wege der Beschlagnahme beanspruchen.

[1]) Natürlich steht es ihm frei, auch nur einen Teil des Lohnes zu pfänden.

Der § 4a des Gesetzes hat auch über die Rechte der Verwandten und des unehelichen Kindes am Lohn und Gehalt im Falle ihrer Konkurrenz Bestimmungen getroffen und bald diesem, bald jenen ein Vorrecht vor dem anderen eingeräumt. Auf diese sehr strittigen Vorschriften einzugehen, erübrigt sich hier, weil nur der Schutz des Schuldners und der Nichtbevorrechtigten gegenüber den Pfändungsvorrechten, nicht der Rang der Bevorrechtigten untereinander und die Abgrenzung ihrer Rechte am Lohne behandelt werden soll[1]).

3. Die Wirkungen des Vorrechts.

a) Auf den Schuldner.

Der Umfang des Vorrechts, der nach dem Wortlaute der gesetzlichen Vorschriften richtig begrenzt zu sein scheint, erweist sich nach den vorherigen Darlegungen als recht weitgehend, als zu weitgehend jedenfalls dann, wenn der Schuldner dadurch Gefahr läuft, die genügenden Mittel für seinen eigenen Bedarf zu verlieren und damit existenzlos zu werden. Und dies kann leicht eintreten.

Freilich, eine Lohnbeschlagnahme zugunsten eines unehelichen Kindes, selbst wegen langjähriger Unterhaltsrückstände, bringt für den unterhaltspflichtigen Vater diese Gefahr nicht mit sich: es muß ihm, wie dargelegt, ausnahmslos von jeder Lohnrate der notdürftige Unterhalt freibleiben (§ 4a des Gesetzes). Anders aber bei einer Beschlagnahme der Ehegatten und Verwandten wegen ihrer seit längerer Zeit geschuldeten Unterhaltsbeträge. Hier wird, wie wir sahen, schlechthin die Lohnforderung gepfändet, ebenso wie wenn es sich um laufende Alimente handelte. Nehmen wir an: ein Unterhalspflichtiger hat vier Monate lang, da er stellungslos war, die monatlich 30 M. betragenden Beträge, zu deren Zahlung er verurteilt war, nicht entrichten können; nun findet er eine Stellung, in der er 150 M. für den Monat verdient. So steht nichts im Wege, wegen dieser ganzen 120 M.

---

[1]) Nur so viel sei hier bemerkt: Wenn der Verwandte mit seinem Unterhaltsanspruche auch weiterhin vor dem unehelichen Kinde wegen des Anspruchs für gleiche Zeit in gewissen Fällen aus der Lohnforderung des Unterhaltspflichtigen befriedigt werden soll, so darf das jedenfalls nicht geschehen, wo es sich um beiderseitige Forderungen für gleiche vergangene Zeiten handelt, und vor allem dann nicht, wenn der Verwandte noch nicht einmal zur Zeit der Pfändung des unehelichen Kindes dieserhalb geklagt hatte.

und der laufenden 30 M. den ganzen Monatslohn von 150 M. zu pfänden, unbekümmert darum, ob dem Schuldner die Mittel zum allernötigsten Unterhalte für sich und seine sonstigen unterhaltsberechtigten Verwandten verbleiben oder nicht. Einem böswilligen Gläubiger, z. B. einer geschiedenen Ehegattin, gegenüber, der weniger an den Beiträgen als an dem Ruine des Schuldners liegt, und die daher mit aller Schärfe gegen ihn vorgeht, kann er bei Pfändung der ganzen Vergütung im Wege Rechtens keine Abhilfe erreichen. Er kann gegen die Art und Weise der Zwangsvollstreckung gemäß § 766 ZPO. nicht ankämpfen — denn diese ist nicht zu beanstanden —, auch nützt ihm nicht eine Klage aus § 323 ZPO. wegen einer wesentlichen Änderung derjenigen „Verhältnisse", welche bei seiner Verurteilung für die Höhe der Leistungen maßgebend waren: Abgesehen davon, daß sie leicht zu spät kommen würde, ist ihr der Erfolg um deswillen unzweifelhaft versagt [1]), weil nur für die Zeit nach ihrer Erhebung die Abänderung des früheren Urteils erfolgen darf (Abs. 3 aaO.) und auch dann nur, wenn eine dauernde Änderung der für die frühere Entscheidung maßgebenden Verhältnisse vorliegt. Das folgt ohne weiteres aus der Begründung des § 323 aaO., wenn es auch nicht direkt dort Ausdruck gefunden hat [2]).

So steht der Schuldner mit gebundenen Händen machtlos einer solchen Beschlagnahme des Unterhaltsberechtigten gegenüber und ist brotlos und zum Stellenwechsel gezwungen. Und das alles wegen rückständiger Unterhaltsbeiträge, die er aus Mangel an Mitteln nicht bezahlen konnte!

b) Auf Schuldner und nichtbevorrechtigte Gläubiger.

Fanden wir bei einer Lohnbeschlagnahme der Verwandten wegen rückständigen Unterhalts zufolge ihres Vorrechts die Rechte des Schuldners schlecht gewahrt, so sind seine und der nichtbevorrechtigten Gläubiger Ansprüche sehr stark beeinträchtigt, wenn die Letztgenannten die Vergütung ihres Schuldners pfänden und die Verwandten ihrerseits nebenher — auch nur wegen gegenwärtig fälliger „laufender" Alimente! — eine Gehaltsbeschlagnahme herbeiführen.

---

[1]) A. A. Dresden, Annalen 26 S. 176.

[2]) Entwurf der Novelle zur ZPO. vom 17. Mai 1898 zu § 293a (Begründung S. 108).

Ein Beispiel aus der Praxis, das mit geringen Änderungen wiedergegeben wird, soll dies klarlegen: Des Schuldners X. nachträglich zahlbares Gehalt von 3600 M. für das Jahr ist von A. wegen 180 M. am 2. Dezember 1912 und von B. wegen 100 M. am 4. Dezember 1912 beschlagnahmt worden, als seine von ihm getrennt lebende Ehefrau E. ebenfalls seine Bezüge wegen der für Dezember laufenden Unterhaltsbeiträge von 120 M. am 5. Dezember pfändet, und zwar, wie es fast immer geschieht, ohne den bestimmten Teil des Gehalts zu benennen, den sie für sich in Anspruch nimmt[1]).

In den nächsten Monaten pfändet sie in derselben Weise weiter wegen ihrer Unterhaltsbeiträge, während daneben Nichtbevorrechtigte, C., D., F., G., konkurrieren. Dann erfaßt E.'s Beschlagnahme, wie jede andere, zunächst den allgemein pfändbaren Gehaltsteil und greift nur soweit auf den unpfändbaren Teil über, als E. aus ersterem nicht voll befriedigt wird, weil nichtbevorrechtigte Gläubiger ihn vor ihr beschlagnahmten[2]).

Es ergibt sich alsdann folgendes Gesamtbild für die Pfändungen und ihre Wirkungen:

Es pfänden:

A.	am	2. Dezember	1912	wegen	180	M.
B.	„	4. „	„	„	100	„
E.	„	5. „	„	„	120	„
C.	„	2. Januar	1913	„	85	„
E.	„	3. „	„	„	120	„
D.	„	5. „	„	„	248	„
F.	„	7. Februar	„	„	150	„
E.	„	11. März (für Februar und März)	„	„	240	„
E.	am	2. April	1913	wegen	120	M.
G.	„	4. „	„	„	50	„

[1]) Ob sie in dieser Weise pfänden will, ist ganz ihrem Ermessen überlassen. Daß sie in jedem Falle zunächst die unpfändbaren Beträge beschlagnahmen und den nicht bevorrechtigten Gläubigern den Mehrbetrag freilassen müsse, schreibt das Gesetz — auch § 850 Abs. 4 — nicht vor. Ebenso Falkmann S. 790 a. E.

[2]) Ebenso Falkmann S. 790; Busch, Zeitschr. 17 S. 166 und die S. 52 hierselbst angeführte Kammergerichtsentscheidung; a. A. Hirsch, Naumburger A. Z. 1911 S. 58.

Dann werden die verschiedenen Gläubiger für die Zeit vom Dezember 1912 ab aus des Schuldners Gehalt von monatlich 300 M. wie folgt befriedigt. Es erhalten:

1. Am 31. Dezember 1912: A. = 175 M.
B. = 0 „
C. = 120 „
(unpfändbarer Teil auf Grund ihrer Beschlagnahme vom 5. Dezember 1912)
X. = 5 M.

2. Am 31. Januar 1913: A. = 5 „
B. = 100 „
C. = 120 „
(auf Grund ihrer Beschlagnahme vom 3. Januar 1913 und zwar 70 M. aus dem allgemein pfändbaren und 50 M. aus dem unpfändbaren Teil).
X. = 75 M.

3. Am 28. Februar 1913: C. = 85 „
D. = 90 „
X. = 125 „
(weil die Ehefrau aus irgendeinem Grunde für Februar nicht gepfändet hatte).

4. Am 31. März 1913: D. = 158 M. (Rest s. Ford.)
F. = 17 „
C. = 125 „
(auf Grund der Beschlagnahme vom 11. März 1913)
X. = 0 M.

5. Am 30. April 1913: F. = 133 „ (Rest s. Ford.)
C. = 115 „ (Rest vom März)
C. = 52 „ (pro April)
X. = 0 „ während G. noch leer ausgeht und erst im Mai seine 50 Mark ausgezahlt erhält.

Auch nicht viel anders gestaltet sich die Sachlage, wenn C. nur den *unpfändbaren* Teil der Bezüge des X. beschlagnahmt. Es erhalten dann:

1. Am 31. Dezember 1912: A. = 175 M.
B. = 0 „
C. = 120 „
X. = 5 „

2. Am 31. Januar 1913:	A. =	5 M.
	B. =	100 „
	C. =	70 „
	E. =	120 „
	X. =	5 „
3. Am 28. Februar 1913:	C. =	15 „
	D. =	160 „
	X. =	125 „
4. Am 31. März 1913:	D. =	88 „
	F. =	87 „
	E. =	125 „
	X. =	0 „
5. Am 30. April 1913:	F. =	63 „
	G. =	50 „
	X. =	62 „
	E. =	125 „

Wir sehen aus der Gegenüberstellung der beiden Tabellen, daß bei beiden Arten der Beschlagnahme E.'s Forderungen in ziemlich gleicher Weise gedeckt werden, während ihre Beschränkung auf den unpfändbaren Gehaltsteil des X. — wie natürlich — eine schnellere Befriedigung der nichtbevorrechtigten Gläubiger herbeiführt.

Was X. betrifft, so bleibt ihm bei Konkurrenz bevorrechtigter und nichtbevorrechtigter Gläubiger herzlich wenig für seinen eigenen Bedarf übrig, bedeutend weniger, als zum standesgemäßen oder auch nur notdürftigen Unterhalt erforderlich ist. Sodann stellen wir nochmals an der Hand des Beispiels fest, daß die Berücksichtigung von Unterhaltsrückständen selbst für ganz kurze Zeit — es handelte sich nur um einen einzigen Monat — den Schuldner leicht des ganzen Lohnes beraubt.

Endlich bringt das jetzige gerichtliche Verfahren bei gleichzeitiger Lohnbeschlagnahme Bevorrechtigter und Nichtbevorrechtigter oft noch eine große Gefahr für Schuldner und Verwandte bezüglich ihrer zum Unterhalte gebrauchten Beträge mit sich: Bei Pfändung der Gehaltsforderung für mehrere Gläubiger ist der Drittschuldner (Arbeitgeber) berechtigt und auf Verlangen eines Pfandgläubigers verpflichtet, den Schuldbetrag zu hinterlegen (§ 853 ZPO.), und es tritt dann das langwierige Verteilungsverfahren der §§ 872 f. ZPO. ein, unbekümmert darum, ob und wie die Genannten in der ganzen Zeit bis zur Verteilung der Gelder ihren Lebensunterhalt fristen. — In der Tat hinterlegte in unserem als Beispiel gewählten Falle die Arbeitgeberin angesichts der vielen Pfändungen und der dadurch herbeigeführten Unklarheit der Verhältnisse zunächst die ganzen Gehaltsraten gemäß § 853 ZPO., und diesem Vorgehen derselben war seitens des Vollstreckungsgerichts entgegenzutreten nicht möglich, da es die Hinterlegung nicht angeordnet hatte und es im übrigen der Drittschuldnerin keine Anweisung erteilen konnte. Erst das im Wege einstweiliger Verfügung angerufene Gericht der Hauptsache half wenigstens dem X.: Es ordnete die Herauszahlung der wenigen von E. nicht beschlagnahmten, an 125 M. für den Monat fehlenden Beträge an. Dagegen erklärte es bezüglich der für E. bestimmten — ebenfalls hinterlegten — Summe: „Da die Ehefrau unbeschränkt gepfändet hat, so kann der Drittschuldnerin nicht zugemutet werden, die übrigen Pfändungsbeschlüsse unbeachtet zu lassen und sich der Gefahr doppelter Zahlung auszusetzen. Solange Antragsteller (Schuldner) nicht dargelegt und glaubhaft gemacht hat, daß die Ehefrau neben den übrigen Gläubigern aus dem 125 M. monatlich übersteigenden Dienstlohn auch wegen ihrer 100 M. befriedigt werden kann, besteht die Gefahr doppelter Zahlungspflicht für die Drittschuldnerin [1]).

4. Kritik des Vorrechts.

Der Arbeiter, als Mitglied oder gar Oberhaupt seiner Familie darf sich der Pflicht, für deren Unterhalt zu sorgen, nicht entziehen. Tut er dies aber, so muß das Gesetz auf energische Weise ihn zur Erfüllung derselben anhalten und zu diesem Zwecke auch seine Vergütung in einem weiten Umfange dem Zugriffe des Unterhaltsberechtigten erschließen. Für die Beschlagnahme des Lohnes und Gehalts zugunsten von Unterhaltsansprüchen müssen daher die Grenzen weit gesteckt sein; aber das ihnen gewährte Vorrecht findet seine Schranke in der Erhaltung der Persönlichkeit des Arbeiters, seiner Arbeitslust und -kraft im allgemeinen und seiner Stellung, die er sich vermöge dieser erworben

[1]) KG. 22 W 102/13.

hat, im besonderen. „Gegenüber dieser maßgebenden Rücksicht auf den Schuldner müssen alle Umstände in dem Grunde der beizutreibenden Forderung — auch die Unterhaltspflicht — zurücktreten[1])."

Die vorher behandelten Fälle, die durchaus nicht zu den seltenen gehören, zeigen aber, daß es an dieser maßgebenden Rücksichtnahme auf den Schuldner nach dem gegenwärtigen Stande der Gesetzgebung durchaus fehlt.

Wenn Unterhaltsrückstände den Gegenstand der Beschlagnahme der Arbeitsvergütung bilden und die Pfändung rücksichtslos durchgeführt wird, kann dies sehr leicht und oft die völlige Vernichtung der Existenzmittel und damit der Persönlichkeit des Schuldners im Gefolge haben. Das Pfändungsvorrecht der Rückstände muß daher, wenn nicht durchaus in Wegfall kommen, so doch sehr eingeschränkt werden. Es ist auch — zumal für einen Zeitraum von Jahren und Jahrzehnten — aus verschiedensten Gründen nicht zu rechtfertigen.

Der Unterhaltsanspruch ist auf Befriedigung der Bedürfnisse des Berechtigten durch Darreichung der dazu erforderlichen Mittel, also auf Unterstützung für die Zukunft gerichtet. Der zur Deckung des Lebensbedarfs bestimmte Betrag muß vor Eintritt des Bedarfs gezahlt sein, sonst kann er die wichtige wirtschaftliche Aufgabe, welche er zu erfüllen hat, nicht bewirken[2]). Eine Befriedigung der Bedürfnisse für die Vergangenheit ist der Natur der Sache nach nicht möglich, weil sie schon befriedigt sind, sei es durch Mildtätigkeit, sei es durch Aufwendungen Dritter, die den Bedürftigen verpflichten: in praeteritum non vivitur.

Die Nachforderung von Alimenten für die Vergangenheit zielt daher stets auf Ersatz der aufgewendeten Kosten für die eingetretene Fortexistenz, und wenn auch ein solcher Anspruch nach dem Gesetz als Unterhaltsforderung zu gelten hat (§§ 1613 und 1711 BGB.)[3]), so mag das dazu führen, diese Forderung selbst als unpfändbar

---

[1]) Das stellt der Gesetzgeber selbst als Maßstab für richtige Begrenzung jeder Pfändung und Pfändungsbeschränkung fest. (Begründung zum Entwurf der ZPO. § 696.)

[2]) Es ist daher auch kein Zufall, daß das Recht alle Unterhaltsforderungen mit dem Privileg der Vorausbezahlung ausstattet. §§ 1612, 760, 1710 BGB.

[3]) Der erste Entwurf (§ 1492) schloß noch jede Nachforderung von Alimenten für die Vergangenheit grundsätzlich aus.

(§ 850 Abs. 1 Nr. 2 ZPO.) und nicht abtretbar (§§ 399, 400 BGB.) zu behandeln, auch die vorläufige Vollstreckbarkeit des auf die Verpflichtung zu ihrer Entrichtung gerichteten Urteils auszusprechen (§ 708 Nr. 6 ZPO.), aber weiter darf sie keines Vorrechts teilhaft werden, insbesondere nicht des ihr jetzt im LBG. (und auch § 850 Abs. 4 ZPO.) zukommenden. Dem Schuldner seine Vergütung für solche Zwecke nehmen, heißt seine einzige Quelle des Unterhalts, nach Abzweigung eines Teiles derselben für die gegenwärtig zu bestreitenden Bedürfnisse der Unterhaltsberechtigten noch weiter abgraben und dadurch völlig verschütten. Man wende nicht dagegen ein, daß die Vergütung dauernd ausreichen soll, den Lebensbedarf der Familie zu decken, und daß, wenn zeitweise der Arbeiter einen Teil derselben diesem Zwecke entzieht und für einen anderen verwendet, er damit rechnen müsse, zu anderen späteren Zeiten diesen Teil für den nicht gewährten Unterhalt dem Unterhaltsberechtigten bereitstellen zu müssen ev. auch unter Hintansetzung anderer Bedürfnisse. Bei dem Eintritt der Forderung des unehelichen Kindes trifft das Gesagte überhaupt nicht zu. Aber, abgesehen davon, beruht die Nichtzahlung fälliger Alimente oft nicht auf Böswilligkeit oder leichtfertiger Wirtschaft des Schuldners, vielmehr häufig auf Umständen, für die er nicht verantwortlich zu machen ist, auf Erwerbsunfähigkeit, Krankheit, Stellenlosigkeit usw. Die Bevorrechtigung der Unterhaltsrückstände, welche dem wesentlichen Zwecke der Unterhaltsforderung widerstreitet, läßt sich daher auch nicht aus dem Verschuldungsprinzip heraus allgemein rechtfertigen.

Die Behandlung des Schuldners im Falle **konkurrierender Lohnbeschlagnahme durch bevorrechtigte und nichtbevorrechtigte Gläubiger oder durch mehrere bevorrechtigte** widerspricht direkt dem materiellen Rechte. Die ganze Lehre von der Unterhaltspflicht im BGB. beruht auf einer sorgfältigen Abwägung von Existenz gegen Existenz. Dieser Gesichtspunkt ist zum Angelpunkte ihrer Regelung gemacht worden[1]). Wenn auch alle Verwandten in gerader Linie zum Unterhalte verpflichtet sind (§ 1601 BGB.), so sind sie es doch sämtlich nur soweit, als ihr standesgemäßer Unterhalt nicht gefährdet wird. Mit **Gefährdung der eigenen Daseinsmöglichkeit darf niemand zur Unterhaltspflicht herangezogen werden.** Sogar die

[1]) Pick S. 93.

Eltern eines minderjährigen Kindes dürfen bei Bemessung des dem Kinde zu leistenden Unterhalts ihre eigenen Lebensinteressen in die Wagschale werfen; sie haben, wo sie ohne Gefährdung des eigenen standesgemäßen Unterhalts dem Kinde Unterhalt nicht gewähren können, alle verfügbaren Mittel zu ihrem und des Kindes Unterhalt gleichmäßig zu verwenden (§ 1603 Abs. 2 eod.). Und dieser Grundsatz gilt sowohl dem ehelichen wie dem aus nichtiger Ehe stammenden Kinde gegenüber (§ 1703 eod.). — Der Unterhaltsanspruch der Ehefrau ist durch Lebensstellung, Vermögen, Erwerbsfähigkeit des Mannes beschränkt (§ 1360 Abs. 3 eod.) und auch die Alimentationspflicht des schuldigen geschiedenen Ehegatten geht nur so weit, als des anderen standesgemäßer (in Ausnahmefällen sein notdürftiger) Unterhalt nicht leidet. Der nichtschuldige muß sich eine Schmälerung seines Rechts auf Unterhalt sogar gefallen lassen, weil Unterhaltsansprüche der zweiten Ehegattin oder eines minderjährigen Kindes der vollen Erfüllung der Alimentationspflicht entgegenstehen. Überall steht eine Existenzfrage einer anderen gleichwertig gegenüber, die eine hält der anderen die Wage, ein wirtschaftlicher Zweck wird durch einen anderen paralysiert. Und da sollen entgegen den Grundsätzen des BGB. über die Unterhaltspflicht auf Grund einer Lohnbeschlagnahme die Unterhaltsbeträge der Verwandten den sonst jedem Zugriffe verschlossenen Teil der Vergütung in so weitem Maße erfassen dürfen, daß der Schuldner unter Umständen sogar des notdürftigen Unterhalts beraubt wird?! Und dies soll selbst dann zulässig sein, wenn nur rückständigen Unterhaltsforderungen Geltung verschafft werden soll? Keineswegs! Die geschilderten möglichen Folgen hat der Gesetzgeber nicht in den Bereich seiner Erwägungen gezogen, als er wegen der „laufenden Alimente“ dies zeitlich begrenzte Vollstreckungsvorrecht gewährte. Dies beweist schlagend die Begründung des Artikels 1 des Gesetzes wegen Abänderung des Gesetzes, betreffend die Beschlagnahme des Arbeits- und Dienstlohnes und der ZPO. vom 29. März 1897, Seite 2, welche bereits Bestimmungen des BGB. über die Unterhaltspflicht berücksichtigt und unter Hinzuziehung einiger derselben die jetzt Gesetz gewordene Änderung der früheren Nr. 3, § 4 des Gesetzes für eine „zweckmäßige Beschränkung des Vollstreckungsvorrechts von keiner erheblichen Tragweite“ erklärt.

Auch aus wichtigen volkswirtschaftlichen Grundsätzen heraus, deren Niederschlag ja nur die Vorschriften des materiellen Rechts bilden sollen, folgt die unrichtige Abgrenzung der Rechte des Schuldners und der Bevorrechtigten in den behandelten Fällen konkurrierender Lohnbeschlagnahme.

Das Recht des Gläubigers[1]), sich an die gesamte Habe des Schuldners zu halten, ohne Rücksicht auf sein Schicksal, wie es der formalistische Standpunkt des römischen Rechts war, ist mit der Entwickelung des Staatsgedankens und der wissenschaftlichen Erkenntnis seiner Aufgaben nicht mehr vereinbar. Das Recht des einzelnen findet eben in dem Rechte der anderen Individuen seine Schranke; bei Kollisionen muß das Einzelinteresse hinter dem der Gesamtheit zurückstehen. Der Staat hat ein sehr wesentliches Interesse, in den Arbeitern nicht selbst nützliche Mitglieder zu verlieren, sie nicht aus Leuten, die mit ihrer Arbeit Werte schaffen, zu Landarmen oder Verbrechern werden zu lassen; er will sie den Betrieben erhalten, die auf ihrer Abhängigkeit aufgebaut sind und darum garantiert er ihnen in diesem Gesetze auch selbst im Falle ihrer Verschuldung ihre Anstellung, garantiert, daß sie aus ihrer Stellung nicht vertrieben werden dürfen[2]). Dieser Grundsatz muß restlos durchgeführt werden.

Schließlich darf die Art der Geltendmachung des Vorrechts des Verwandten nicht seinem Ermessen überlassen sein; denn die freie Bestimmung des Lohnteils, aus welchem er befriedigt zu werden wünscht — er kann, wie wir sahen, ausschließlich den allen zugänglichen, wie den allen verschlossenen Teil pfänden, aber auch die Vergütung schlechthin als Ganzes beschlagnahmen —, öffnet seinem Wohl- oder Übelwollen dem Schuldner und Nichtbevorrechtigten gegenüber Tür und Tor und hat auch leicht Kollusionen mit dem einen oder anderen Genannten im Gefolge.

Wenn der Verwandte heute dem Schuldner den unpfändbaren Gehaltsteil sichern will, so hat er nur nötig, den allgemein pfändbaren Betrag zu beschlagnahmen. Der gleiche Erfolg tritt übrigens jetzt auch bei Inanspruchnahme des Lohnes schlechthin ein, weil heute die Pfändung zunächst den allgemein pfändbaren Teil erfaßt. Dem Nichtbevorrechtigten bleibt dann das

---

[1]) Falkmann, Gutachten Bd. 1 S. 243 des 22. Deutschen Juristentages.
[2]) Cohn S. 34.

Nachsehen: entweder wird er überhaupt nicht oder zum mindesten sehr langsam befriedigt, langsamer und schwerer, als das Gesetz ihm dies ermöglichen wollte. Umgekehrt kann der Verwandte diesen letzteren begünstigen, wenn er allein an den unpfändbaren Lohnteil Zugriff nimmt: Dann wendet er dem Nichtbevorrechtigten auf Kosten des Schuldners den ganzen pfändbaren Betrag zu. Diese Willkür in der Ausübung seines Rechts muß beseitigt werden!

5. Vorschläge zur Reformierung.

Die Mängel des jetzigen Rechtszustandes und auch des Verfahrens, die vorher aufgedeckt und als solche erkannt worden sind, erheischen dringend eine Abhilfe, zeigen teilweise auch sogleich den Weg, der hierzu führt.

a) Festsetzung der Art und Weise bevorrechtigter Pfändung und ihrer Einwirkung auf den pfandfreien und pfändbaren Teil der Vergütung.

Wir sahen, wie verschieden die Verwandten ihr Vollstreckungsvorrecht ausüben können und wie verschieden die Art ihrer Beschlagnahme auf die Rechte des Schuldners und des Nichtbevorrechtigten an der Lohnforderung einwirkt. Ihre Pfändung wird, auf den allgemein pfändbaren Teil allein ausgebracht — entgegen der Absicht des Gesetzes —, den Schuldner schützen und damit zugleich den Zugriff des Nichtbevorrechtigten lahmlegen oder wenigstens hindern, erschweren; sie wird aber auch, auf den ihnen vorbehaltenen angreifbaren Teil des Lohnes beschränkt — entsprechend dem Willen des Gesetzgebers —, dem Nichtbevorrechtigten geben, was ihm zusteht und damit den Schuldner vielfach und leicht der allernötigsten Mittel zum Unterhalte berauben. Beide Arten der Pfändung haben, so verschieden sie in ihren Wirkungen sind, nur das eine gemein, daß sie auf Kosten des einen der genannten Beteiligten dem anderen Vorteile verschaffen und dem Bevorrechtigten zu seinem Rechte verhelfen. Beide Arten der ausschließlichen Beschlagnahme eines Teiles der Vergütung sind daher vom Standpunkte des öffentlichen Interesses und der allgemeinen Wirtschaftslehre als Akte der Willkür des Verwandten zu verwerfen und es bleibt nur übrig, die Pfändung der ganzen Vergütung ihnen vorzuschreiben, diese aber, da sie, wie gesehen, dieselben Mängel aufweist, wie die auf den allgemein pfändbaren Teil allein gerichtete, so umzugestalten, daß sie nicht einseitig die Interessen eines der Beteiligten fördert und nicht der Geltendmachung der Rechte der anderen hindernd in den Weg tritt. Das läßt sich unschwer erreichen: Man ordne an, daß der Verwandte seine Forderung zunächst auf den ihm vorbehaltenen pfandfreien Vergütungsteil zur Anrechnung zu bringen habe. Dann ist damit sofort dem Nichtbevorrechtigten geholfen: er ist nicht mehr von vornherein in der Möglichkeit beschränkt, aus dem Teile befriedigt zu werden, den allein das Gesetz ihm zu diesem Zwecke zuweist. Aber auch der Verwandte erhält auf diese Weise seine Unterhaltsbeiträge. Ist der ihm vorbehaltene pfandfreie Teil der Vergütung auskömmlich bemessen — und das ist er nach der von Cohn aufgestellten sehr annehmbaren Staffelung —, so wird er aus ihm Befriedigung erhalten können; wenn aber seine Forderung trotzdem aus dem Teile nicht gedeckt werden kann[1]) — es werden das hauptsächlich die besprochenen Ausnahmefälle sein —, so greift seine auf den ganzen Lohn ausgebrachte Pfändung auf den allgemein pfändbaren Lohnbetrag über und konkurriert bezüglich dieses mit dem Nichtbevorrechtigten der Reihenfolge der Pfändungen nach gemäß § 804 ZPO. Hiergegen läßt sich auch vom Standpunkte des Nichtbevorrechtigten nichts einwenden: er muß sich die Konkurrenz dieses, wie jedes beliebigen anderen Gläubigers gefallen lassen; wird er doch durch sie in nichts schlechter gestellt als sonst.

b) Festsetzung einer Kompetenz für den Schuldner durch den Vollstreckungsrichter bei Pfändungen gemäß § 4³ des Gesetzes.

Der einzige Leidtragende bei dieser vorgeschlagenen Regelung der Beschlagnahme kann der Schuldner selbst sein, gerade er, dem genügend Mittel gesichert werden sollten, um seinen Pflichten gegen die Familie sowie dem bevorrechtigten und nichtbevorrechtigten Gläubiger gerecht werden zu können.

Eine Lohnpfändung kann ihm, namentlich in den vorher

---

[1]) Es kann natürlich auch die ganze Vergütung zur Deckung unzureichend sein, weil Schuldner neben dieser über andere Einkünfte verfügt und demgemäß zur Zahlung hoher, seinem ganzen Einkommen entsprechenden Unterhaltsbeiträgen verurteilt ist. Dann mag sich Gläubiger an diese halten.

behandelten Fällen, selbst bei reichlicher Bemessung des ihm bleibenden pfandfreien Betrages auch den letzten Rest des Teils seiner Vergütung nehmen, der für seinen und der anderen Unterhaltsberechtigten notwendigen Unterhalt dienen sollte. Dagegen muß er unbedingt geschützt werden. Der standesgemäße Unterhalt soll ihm ja nach der Vorschrift des BGB. stets verbleiben. Zur Durchführung dieses ihm gewährleisteten Anspruchs auf den eigenen Bedarf kann aber der Vollstreckungsrichter dem Schuldner zurzeit nicht verhelfen. Weder § 766 noch § 323 ZPO. gibt ihm jetzt eine Handhabe, einzuschreiten, sei es, daß eine Beschlagnahme wegen Unterhaltsrückstände dem Schuldner den zum Leben notwendigen Betrag seiner Vergütung nimmt, sei es, daß diese Folge durch Zusammentreffen von Pfändungen der Verwandten und Nichtbevorrechtigten oder auch durch den Zugriff mehrerer ausschließlich Bevorrechtigter herbeigeführt wird. Hierzu muß der Vollstreckungsrichter aber in den Stand gesetzt werden! Aber es wäre verfehlt, wollte man erst dann ihm die Möglichkeit zum Einschreiten eröffnen, falls die Beschlagnahmen zur Wegnahme der Existenzmittel des Schuldners geführt haben. Nein: es muß von vornherein Vorsorge getroffen werden, daß diese Folge überhaupt nicht eintreten kann. Einer Einschränkung der Pfändung von allem Anfange an soll und darf allerdings damit nicht das Wort geredet werden: Die Unterhaltsbeiträge, zu deren Zahlung der Schuldner verurteilt ist, halten sich ja, selbst wenn sie in Anbetracht noch anderer Einkünfte des Schuldners den ganzen pfandfreien Betrag seiner Vergütung erreichen, ja sogar darüber hinausgehen, nach richterlicher Prüfung aller einschlägigen Verhältnisse durchaus im Rahmen dessen, was der Schuldner unter Wahrung seiner Stellung und seines Unterhaltes für sich und seine Unterhaltsberechtigten leisten kann. Es liegt also zunächst keine Veranlassung vor, eine Einschränkung der Pfändung eintreten zu lassen, wo noch gar nicht abzusehen ist, ob einer der Fälle eintritt, in denen die Lebensbedingungen des Schuldners bedroht sind, und wo bei hohem Lohne Schuldner sehr wohl imstande sein kann, aus der laufenden Vergütung auch Unterhaltsrückstände zu decken[1]) und selbst einem gleichzeitigen Angriffe von Bevorrechtigten und Nichtbevorrechtigten auf den Lohn widerstehen zu können, ohne in Not zu kommen.

[1]) Siehe vorige Seite.

Ist aber eine sofortige Einschränkung der Pfändung im allgemeinen nicht gerechtfertigt, so muß doch sofort bei Erlaß des Pfändungsbeschlusses wegen einer Unterhaltsforderung einer Gefährdung der Existenz des Schuldners für den Fall der Inanspruchnahme der ganzen Vergütung oder ihres größten Teils wirksam, schnell und ohne besondere Kosten vorgebeugt werden.

Folgender Weg erscheint mir gangbar: Es wird bei einem Antrage der in § 4³ des Gesetzes Genannten auf Pfändung von Lohn und Gehalt wegen Unterhaltsbeiträge vom Richter sogleich in den ergehenden Pfändungsbeschluß ein für den Unterhalt des Schuldners angemessen erscheinender Betrag eingesetzt — nach welchen Grundsätzen, soll später erklärt werden — und dem Drittschuldner aufgegeben, wenn der Lohn einer Periode außer von dem pfändenden Bevorrechtigten noch von anderen bevorrechtigten oder nichtbevorrechtigten Gläubigern oder von dem Verwandten wegen der Beiträge für Gegenwart und Vergangenheit im Wege der Beschlagnahme in Anspruch genommen wird, an der Hand der gesetzlichen Staffelung den auf die Lohnperiode entfallenden pfandfreien Betrag festzustellen und hiervon die Summe, welche der Bevorrechtigte für diesen Zeitabschnitt verlangt, in Abzug zu bringen. Ergibt sich bei dieser Subtraktion, daß die Differenz die vom Richter als angemessenen Unterhaltsbeitrag angesetzte Summe nicht erreicht, also weniger dem Schuldner verbleibt als der Richter bestimmte, so erhält der Drittschuldner die Anweisung, von dem pfandfreien Betrage die richterliche Kompetenz (um es kurz so zu bezeichnen), dem Schuldner sofort auszuzahlen, den Rest desselben an den unterhaltsberechtigten Pfandgläubiger abzuführen und was sodann an dem von letzterem geforderten Unterhaltsbeitrage fehlt, aus dem allgemein pfändbaren Lohnteile zu entnehmen oder, wenn auf diesen Nichtbevorrechtigte vorher eine Pfändung ausgebracht haben, den fehlenden Betrag auf die pfandfreie Vergütung der nächsten Lohnperiode zu verrechnen und in dieser im übrigen dann ebenso zu verfahren, wie oben angeführt.

Ein Beispiel wird dies erläutern:

Ein Schuldner bezieht ein Jahresgehalt von 3600 M. in monatlichen, nachträglich zahlbaren Raten von 300 M. Da er Familienoberhaupt ist, so sind hiervon nach der von Cohn vorgeschlagenen Staffel für das Jahr 1500 + $^4/_5$ von 2100 M., in

Summa 3180 M. pfandfrei, und nur $1/_5$ von 2100 M., d. h. des 1500 M. übersteigenden Betrages mit 420 M. für das Jahr der Beschlagnahme allgemein unterworfen. Für jeden Monat sind also 265 M. pfandfrei und 35 M. pfändbar. Es setzt der Richter daraufhin die Kompetenz mit 150 M. monatlich fest, als ein Unterhaltsberechtigter den für Monat März rückständigen und für April laufenden Unterhalt von je 120 M. = 240 M. im Wege der Pfändung verlangt. Die Differenz von 265 zu 240 M. = 25 M. erreicht nicht die richterliche Kompetenz. Es verfährt der Drittschuldner daher so: Er zahlt am 30. April dem Schuldner sofort die 150 M. aus und entrichtet den Überrest der 265 M., nämlich 115 M., zusammen mit dem allgemein pfändbaren und mitgepfändeten Lohnbetrage von 35 M., also 115 + 35 = 150 M. dem Unterhaltsberechtigten für April. Die an 240 M. fehlenden 90 M. bekommt dieser mit den 120 M. laufenden Alimenten (in Summa 210 M.) für Mai am Ende dieses Monats, — aber auch nur teilweise, nämlich wieder nur in Höhe von 150 M.; der Rest der 210 M. vom Mai mit 60 M. und die 120 M. laufenden Alimente für Juni in Höhe von wieder 150 M. werden am 30. Juni dem Unterhaltsberechtigten entrichtet und so fort. Auf diese Weise werden jeden Monat 30 M. von dem Unterhaltsrückstande abgestoßen. Unbedingt hat bei diesem Vorgehen der Schuldner einen ansehnlichen Betrag jederzeit in der Hand, der ihn davor schützt, brotlos zu werden, und der Unterhaltsberechtigte erreicht, wenn auch nur langsam, neben dem regelmäßigen Unterhalte noch Ersatz für Unterhaltsrückstände.

Ist der allgemein pfändbare Betrag bereits vorher anderweit mit Beschlag belegt, so darf der Drittschuldner denselben (in unserem Beispiele 35 M.) selbstverständlich nicht dem Verwandten auszahlen, hat ihn vielmehr dem vorgehenden nichtbevorrechtigten Pfandgläubiger auszufolgen. Denn es steht dem Anspruche des Verwandten § 804 ZPO. entgegen; er mag in Höhe seines Ausfalls ev. an anderen Vermögensobjekten seines Schuldners Zugriff nehmen.

In jedem Falle zahlt der Drittschuldner, solange dem Schuldner die Kompetenz bleibt, diese demselben aus und führt an den oder die berechtigten Gläubiger die ihnen zukommenden Beträge ab, wie wenn in dem Beschlusse nichts stände. In unserem Beispiele hätte er, solange nur der Unterhaltsberechtigte und nur wegen 120 M. monatlich laufender Unterhaltsbeiträge das Gehalt beschlagnahmt hätte, das Recht und die Pflicht gehabt, diese an den Berechtigten abzuführen, wiewohl die 120 und 150 M. (Kompetenz) den pfandfreien Betrag von 265 M. überschritten. Dafür standen eben vom pfändbaren Teile die fehlenden 5 M. zur Verfügung. Ebenso hätte der Drittschuldner verfahren müssen, wenn ein Nichtbevorrechtigter nachträglich die allgemein pfändbaren 35 M. beschlagnahmt hätte.

Natürlich kann bei Konkurrenz der Pfandgläubiger der Drittschuldner statt selbst eine Entscheidung über widerstreitende Rechte der Pfandgläubiger zu treffen und so eine eigene Verantwortlichkeit zu übernehmen, von seinem gesetzlichen Rechte Gebrauch machen und gemäß § 372 BGB. und § 853 ZPO. den gepfändeten Betrag hinterlegen. Aber auch dann soll er gehalten sein, jeden Monat die fällige Kompetenz (von 150 M. in unserem Beispiele) zunächst von dem Gehalte zurückzubehalten und an den Schuldner abzuführen.

Hieran wird unter allen Umständen festzuhalten sein, damit der Schuldner durch den Streit seiner Gläubiger über den Rang ihres Pfandrechts und das infolgedessen notwendig werdende langwierige Verteilungs- bzw. anschließende Prozeßverfahren nicht notleiden muß. Seine Kompetenz ist unantastbar und hat daher in jedem Falle zur Auszahlung zu kommen; entsteht aber Streit über ihre Höhe, so muß er schnellstens im Beschwerdewege ausgetragen werden und mag, wenn die richterliche Festsetzung sich als zu hoch bemessen ergibt, eine Herabsetzung des Betrages, eine Kürzung in der nächsten Lohnperiode erfolgen.

Leider wird sich eine gleich schnelle Auszahlung des gepfändeten und hinterlegten Betrages an den Unterhaltsberechtigten nicht bewirken lassen. Die Bestimmungen der ZPO. geben hierzu keine Handhabe, wie auch die Entscheidung des Kammergerichts (S. 52) ergibt.

Wenn wir nun an die Aufgabe herantreten, die Höhe desjenigen Teils festzustellen, den der Vollstreckungsrichter als Kompetenz dem Schuldner für den Eigenbedarf — so nennen wir der Kürze wegen den Unterhalt, der ihm selbst und den übrigen Unterhaltsberechtigten außer dem pfändenden zu verbleiben hat — zukommen muß, so haben wir von folgenden Erwägungen auszugehen:

In dem pfandfreien Betrage, der dem Schuldner für seinen und aller seiner Familienmitglieder Unterhalt als ein Teil seines ganzen Gehalts ausgesetzt ist, ist auch eine Summe für den Unterhalt des pfändenden Unterhaltsberechtigten einbegriffen. Diese Summe muß von dem pfandfreien Teile des Gehalts abgezogen werden, will man den Eigenbedarf des Schuldners richtig feststellen. Aber diese Summe ist nicht dem Unterhaltsbeitrage gleichzusetzen, der dem Bevorrechtigten vom Prozeßrichter zugesprochen ist, denn dieser letztere Betrag wird nach der Höhe des ganzen Gehalts, ev. noch weiterer Einkünfte des Schuldners bemessen, kann also viel höher sein als der vom pfandfreien Teile des Gehalts auf den pfändenden Unterhaltsberechtigten entfallende. Den richtigen Maßstab für Ermittelung dieser Summe findet man durch folgende Gleichung: Es verhält sich — für das ganze Jahr genommen — der ganze Gehalt bzw. die ganze Einnahme des Schuldners (a) zu dem Unterhaltsbeitrage des pfändenden Unterhaltsberechtigten (b), wie der ganze unpfändbare Gehaltsteil (c) zu der Summe (x), welche von letzterem auf den Pfändenden entfällt; x ist dann $= \frac{b \times c}{a}$. Hat der Richter auf diese Weise die Höhe von x ermittelt — die hierzu nötigen Zahlen ergibt das Urteil, auf Grund dessen gepfändet wurde —, so wird x von c abgezogen und diese Summe stellt den Eigenbedarf des Schuldners dar, den der Vollstreckungsrichter als Kompetenz zu belassen und in den Pfändungsbeschluß als solche einzusetzen hat.

Bleiben wir bei dem vorher gewählten Beispiele: Für das Jahr bemessen, beträgt das Gehalt (a) 3600 M., der unpfändbare Teil desselben (c) 3180 M., während für diese Zeitspanne die Unterhaltsbeiträge (b) auf 1440 M. festgesetzt sind; so ist $x = \frac{1440 \cdot 3180}{3600} = 1272$ M. Wird dann x von c, also 1272 von 3180 M. abgezogen, so stellt die Differenz von 1908 M. den Eigenbedarf des Schuldners für das Jahr oder der Betrag von 159 M. denjenigen für den Monat dar, welchen der Vollstreckungsrichter in den Pfändungsbeschluß als unangreifbar einzustellen hat[1]).

[1]) Vorher (S. 61) ist die Summe von 150 M. monatlich nur der Einfachheit wegen als ungefähre angenommen worden.

c) Bemessung des notdürftigen Unterhalts für den Schuldner bei Pfändung unehelicher Kinder gemäß § 4a des Gesetzes.

Die Lohnbeschlagnahme des unehelichen Kindes wegen Unterhaltsbeiträge hat dem unehelichen Vater nach § 4a des Gesetzes stets einen Betrag zu belassen, dessen er zur Bestreitung seines notdürftigen Unterhalts und zur Erfüllung der Unterhaltspflicht gegenüber den Verwandten bedarf, ist daher auch jetzt schon nur über den diesen Zwecken dienenden Betrag hinaus zulässig. Infolgedessen hat der Richter zurzeit bereits eine der vorher vorgeschlagenen ähnliche Berechnung vorzunehmen. Bei dieser wird vielfach der notdürftige Unterhalt des Schuldners ganz falsch bewertet. Da das Maß dessen, was dem unehelichen Kinde als Unterhalt zugesprochen wird, sich ausschließlich nach der Lebensstellung der Mutter richtet (§ 1708 BGB.), also keine innere Abhängigkeit der hierfür maßgebenden Sätze von den Vermögens- und Einkommensverhältnissen des Vaters besteht, prüft man diese letzteren so gut wie gar nicht im einzelnen und gelangt zu einer recht schematischen, dem Sinne der Gesetzesvorschrift nicht gerecht werdenden Bemessung desselben. Auf diese Weise haben sich bei den einzelnen Amtsgerichten im Deutschen Reiche bestimmte Sätze für den notdürftigen Unterhalt gewisser Klassen, z. B. der Arbeiter, herausgebildet[1]). Solche Sätze mögen dem Richter einen Anhalt für seine Berechnung und Entscheidung geben, sie sollen aber nicht dazu führen, eine Prüfung der konkreten Umstände des einzelnen Falles überhaupt zu unterlassen. Denn der notdürftige Unterhalt, dessen Begriffsbestimmung leider der Praxis und Wissenschaft (im BGB. und in unserem Gesetze) überlassen war, ohne daß sie diese getroffen oder nur versucht haben, ist nicht auf dasjenige abzustellen, was überhaupt genügt, um den Körper zu erhalten, das Existenzminimum — dann brauchte man noch nicht einmal ein Schema —, sondern auf dasjenige, was der einzelne Mensch (Schuldner) bei äußerster Einschränkung seiner persönlichen Bedürfnisse nicht entbehren kann, um zur Ausfüllung seiner Stellung befähigt zu bleiben, auf dasjenige also, was das Leben und der Beruf bzw. die Stellung des Schuldners in seinem

---

[1]) Link, Die Unterhaltsätze des unehelichen Kindes.

Beruf erfordert. Die Lebensgewohnheiten[1]) des Schuldners werden allerdings eine Fortführung der bisherigen Lebensweise in vollem Umfange nicht rechtfertigen können — denn es soll der Schuldner sich gerade im gegebenen Falle allen nur denkbaren Zwang gefallen lassen müssen zur Befriedigung des unehelichen Kindes — aber immerhin doch Berücksichtigung in ihrer Wirkung auf körperliche und geistige Beschaffenheit der Persönlichkeit erheischen: Wer angestrengt körperlich arbeiten muß, bedarf anderer Ernährung für seinen Körper als ein anderer, der weniger schwere Arbeit zu leisten hat, kann und muß daher auch andere Ansprüche für die Befriedigung dieser Bedürfnisse erheben.` Aber auch auf die Stellung des einzelnen in seinem Berufe ist bei Bemessung des für ihn notdürftigen Unterhalts Rücksicht zu nehmen, was bisher wohl selten oder nie geschehen ist. Sie weiter auszufüllen, muß der Arbeitende befähigt bleiben. Wie ihm aber das zur Ausübung seines Berufes erforderliche Handwerkszeug nicht mehr im Wege der Zwangsvollstreckung genommen werden darf, so soll ihm auch dasjenige an Geld nicht entzogen werden, ohne das der Schuldner zur Aufgabe seiner Stellung gezwungen wird.

Diese Erwägungen hatten bereits in den Motiven zur Bundesvorlage, welche stets nur den notdürftigen Unterhalt dem Schuldner belassen wollte, Ausdruck gefunden[2]); sie lassen schon die Begrenzung einer jeden Lohnbeschlagnahme durch eine ziffernmäßig bestimmte Summe als verfehlt erscheinen, wie Cohn nachgewiesen hat[3]); dieselben Erwägungen müssen für die richtige Bemessung des dem Schuldner zukommenden notdürftigen Unterhalts ausschlaggebend sein. Ein Angestellter, der einen gewissen Aufwand zu treiben, vermöge seiner Stellung als Verkäufer in einem Warenhause, als Reisender, Bankbeamter, Geschäftsführer eines Hotels, Restaurants, Geschäfts usw., gezwungen ist, darf nicht dessen beraubt werden, was er bei äußerster Einschränkung zur Ausfüllung seiner Stellung benötigt. Diese Begriffsbestimmung des notdürftigen Unterhalts läßt ohne weiteres erkennen, daß nicht allgemein nach Klassen oder nach Höhe des Gehalts, sondern nur auf Grund der Prüfung der genauen Umstände eine richtige Zumessung des im einzelnen Falle

[1]) Gaupp-Stein zu § 850 II 3b und die dort Zitierten.

[2]) StenBer. Sess. 69 III S. 3, 74.

[3]) Cohn S. 8ff.

Erforderlichen vorgenommen werden kann. Daher verbietet es sich auch, als notdürftigen Unterhalt dem Schuldner einen bestimmten Teil des in Cohns System ausgeworfenen pfandfreien Betrages zu belassen, etwa statt eines Drittels ein Fünftel und statt eines Fünftels ein Achtel. Die ein für allemal zu diesem Zwecke bestimmte Quote des Lohnes würde allzu leicht zu Härten und Ungerechtigkeiten führen; abgesehen davon, daß auf diese Weise neben dem Schuldner auch dessen Ehefrau und ehelichen Kinder gezwungen wären, sich mit der Notdurft für ihren Unterhalt zu begnügen, also sich ohne Not und Berechtigung Einschränkungen gefallen lassen müßten. Hier muß von vornherein die Prüfung der Lebens- und Anstellungsverhältnisse des einzelnen durch den Richter eintreten; Ausgangspunkt für seine Prüfung mag der dem Schuldner zukommende pfandfreie Lohnbetrag bilden.

Aber noch weiter wird man gehen müssen: Bei Lohnbeschlagnahme des unehelichen Kindes und der erforderlichen Feststellung des notdürftigen Unterhalts des Vaters ist auch das sonstige Vermögen und Einkommen des Schuldners außer seinem Arbeitsverdienste zu berücksichtigen, also auch die dauernde Beisteuer der Frau und Kinder zu den Lasten des häuslichen Aufwandes aus regelmäßigem und sicherem Verdienste, damit dem Schuldner nicht ein Betrag von seiner Arbeitsvergütung belassen wird, der unter Berücksichtigung spezieller Umstände zum Nachteile des unehelichen Kindes sich als zu hoch erweist. Natürlich wird es Sache seines Vormundes sein, dem Richter alle diese in Betracht kommenden Momente an die Hand zu geben.

d) Einschränkung des Vorrechts wegen Unterhaltsrückstände.

Unterhaltsrückstände dürfen nicht länger den bisherigen weitgehenden Schutz genießen, der ihnen zurzeit zuteil wird; sie sind nur noch für einen ganz geringen Zeitraum mit dem Vorrechte der unbeschränkten Pfändung auszustatten. Ganz ihnen diese bevorrechtigte Stellung nehmen, wäre verkehrt.

Im allgemeinen wird es als richtig anzusehen sein, wenn Rückstände für 1/4 Jahr vor der Beschlagnahme bevorrechtigt sind. Die Zeit genügt, um einen Schuldner, der sich durch Stellen- und Domizilwechsel seinen Pflichten entzieht, ausfindig zu machen und seine Bezüge mit Beschlag zu belegen. Auch wenn andere in der Person des Schuldners liegende Gründe zur Nichtbezahlung der fälligen Unterhaltsbeiträge führten, Krankheit, Erwerbsunfähigkeit, Arbeitslosigkeit, so sind im allgemeinen solche Hinderungsgründe in der angenommenen Zeit behoben, so daß man mit der Bevorrechtigung für eine solche Zeit den Bedürfnissen der Berechtigten genügend Rechnung getragen hätte. Das ist keine Durchbrechung des Prinzips der §§ 1613, 1711 BGB., daß das uneheliche Kind schlechthin, der Verwandte vom Eintritt des Verzuges oder der Rechtshängigkeit des Unterhaltsanspruches an für die Vergangenheit Unterhalt fordern darf. Mit der Einschränkung der für Geltendmachung des Vollstreckungsvorrechts gesetzten Zeit soll Schuldner nicht der Pflicht zur Zahlung weiterer Unterhaltsrückstände, wenn sich solche ergeben, enthoben sein. Keineswegs! Hat er seinen Pflichten gegen den Unterhaltsberechtigten nicht nachkommen können oder wollen, so soll es ihm nicht erspart bleiben, die geschuldeten Beträge selbst nachträglich zu bezahlen, aber unter Schonung seiner vitalsten Lebensinteressen. Wenn der Gläubiger wegen einer solchen Forderung, welche den eigentlichen wirtschaftlichen Zweck der Unterhaltsforderung nicht mehr erfüllt, an andere Vermögensobjekte seines Schuldners sich nicht halten will oder kann, als an die Vergütung, so muß er sich bei deren Beschlagnahme das Maß auferlegen, das nötig ist, um den Schuldner nicht brotlos zu machen, dem Ruine preiszugeben; er darf daher insoweit nur die dem Zugriffe jedes Nichtbevorrechtigten unterworfenen Beträge für sich in Anspruch nehmen. Diese Rücksicht ist er, wenn nicht dem Schuldner, so der Allgemeinheit schuldig.

Eine Ausnahme von dieser Regel ist nur zugunsten derjenigen Rückstände gerechtfertigt, die bis zur Rechtskraft des Vollstreckungstitels entstanden sind. Es ist eine bekannte Tatsache, daß gerade in der ersten Zeit, nachdem der Schuldner seinen Unterhaltspflichten nicht nachgekommen ist, oft lange Verhandlungen zwischen den Beteiligten geführt werden, der Bevorrechtigte sich zu immer wieder erneutem Warten bereden läßt, weil er noch immer eine friedliche Lösung, einen Ausgleich in Güte erhofft und daher Monate vergehen, bis der Anspruch endlich rechtshängig wird. Durch eine lange Dauer des Prozesses entstehen noch weitere, oft bedeutende Rückstände. Durch solche Verzögerungen darf der

Bevorrechtigte gewißlich keinen Nachteil, der Schuldner keinen Vorteil haben. Die Unmöglichkeit, diese Rückstände früher im Zwangswege einzuziehen — eine Unmöglichkeit, an welcher den Berechtigten kein Verschulden trifft —, darf ihm nicht sein Recht auf deren Einziehung illusorisch machen oder auch nur erschweren.

Es wäre daher verkehrt, wollte man das jetzt gemäß § 4 [3] und 4a des Gesetzes bestehende Vorrecht („für die Zeit nach Erhebung der Klage und für das diesem Zeitpunkte vorausgehende letzte Vierteljahr") antasten!

Nur muß man dann, wie wir es vorher vorschlugen, Bedacht darauf nehmen, daß dieses weitgehende Recht nicht die Lebensstellung des Schuldners ernstlich gefährdet, ihm die zur Ausfüllung derselben nötigen Mittel nicht rücksichtslos nimmt, und muß ihm daher unbedingt einen zu letzterem Zwecke angemessenen Unterhalt gewährleisten. Nur so schützt man ihn vor völliger Verschüttung seiner Unterhaltsquelle, vor Vernichtung seiner Existenz.

B. Das Pfändungsvorrecht der Steuerbehörden.

Dem Vorschlage der Reichsregierung auf Bevorrechtigung des Staates und der Kommunen für Beitreibung direkter Steuern im Wege der Lohnbeschlagnahme zeigte sich der Reichstag von vornherein durchaus nicht geneigt. Erst nachdem der preußische Finanzminister in einer Denkschrift [1]) erklärte, „es handle sich einerseits nur um verhältnismäßig geringe Beträge, die keine Besorgnis für eine Gefährdung der wirtschaftlichen Existenz des Arbeitenden aufkommen ließen, anderseits aber bestehe ein erhebliches Interesse für die Steuer- und Kommunalverwaltung an der ferneren Aufrechterhaltung der Lohnbeschlagnahme als Exekutionsmittel", entschloß man sich zur Zulassung des Vorrechts, aber unter Beschränkung des „Exekutionsobjekts auf das allergeringste Maß" [2]), wodurch jede Gefahr einer empfindlichen Beeinträchtigung des Schuldners ausgeschlossen wird [3]). Daher erregte auch bereits die Erstreckung der Lohnbeschlagnahme auf eine Zeit von drei Monaten statt des von der Kommission vorgeschlagenen einen Monats zunächst Bedenken [2]).

[1]) StenBer. III S. 590.

[2]) StenBer. II S. 914.

[3]) StenBer. III S. 588.

Demgemäß ist nach § 4 Nr. 2 des Gesetzes die Beschlagnahme von Lohn und Gehalt ohne Rücksicht auf das in § 1 festgelegte Grundprinzip, also auch in die sonst unpfändbare Vergütung vor Leistung der Arbeit, Ablauf des Zahltages und Einforderung der Vergütung wegen der genannten Steuern zulässig, „sofern sie nicht seit länger als drei Monaten fällig geworden sind". Die Bestimmung des Reichsgesetzes gilt allerdings nur insoweit, als die einzelnen Landesregierungen, als Träger der Steuergesetzgebung (RVerf. Art. 4 Nr. 2), nicht abweichende Vorschriften erließen; aber in der Mehrzahl der Bundesstaaten besteht sie z. B. in Preußen (Verordnung vom 15. November 1899 [GS. S. 545]), in Bayern (Bekanntmachung vom 27. Dezember 1899 [FinMinBl. vom 30. Dezember 1899]) in Baden, Sachsen und Württemberg (private Bescheide der Finanzministerien) und vor allem in den Kommunen erfolgt nach § 4 Nr. 2 LBG. die Einziehung der Gebühren, Steuern, Kosten usw. (Kommunalabgabengesetz vom 14. Juli 1893 § 90).

Es liegt daher Anlaß vor, auf diese Vorschrift des § 4 Nr. 2 des Gesetzes genauer einzugehen und ev. Reformvorschläge zu machen. An sich läßt sich gegen sie nicht viel einwenden, wenn man sich damit abfindet, daß es keineswegs mehr stets kleine Beträge sind, um deren zwangsweise Einziehung es sich handelt, also die Gefahr einer wirtschaftlichen Schädigung des Arbeiters nicht mehr eine so geringe ist, wie zur Zeit der Entstehung des Gesetzes, wo z. B. in Preußen nach dem Gesetze vom 1. Mai 1851 die Steuer der im Privatdienst und Arbeitsverhältnis stehenden Personen in der ersten Klasse der Klassensteuer monatlich 1 Sgr. 3 Pf. betrug und der Arbeitende mit einem jährlichen Einkommen von 900 bis 1000 Thl. in der letzten dritten Klasse, als „auf der höheren Stufe der Wohlhabenheit Stehender" 2 Thl. jährlich an Steuer zu zahlen hatte, während er heute nach dem Gesetz vom 24. Juni 1891 (in der Fassung der Bekanntmachung vom 19. Juni 1906) 52 M., daneben aber auch mindestens den gleich hohen Betrag an Gemeindesteuer zu entrichten hat.

Die Fassung der Vorschrift kann aber dazu führen, das Vorrecht auch auf Steuerbeträge zu erstrecken, die dessen — wenigstens nach der Absicht der damaligen Gesetzgebung — nicht teilhaftig werden sollten.

Wenn Steuerpflichtige bei der Veranlagung übergangen oder steuerfrei geblieben oder zu einer ihrem wirklichen Einkommen nicht entsprechenden Steuer, besonders im Falle unrichtiger Erklärungen, zunächst veranlagt worden sind, so kann ausnahmsweise nachträglich, sei es noch im Laufe des Steuerjahres, sei es nach Ablauf desselben, dann allerdings nur in einem sogenannten Nachsteuerverfahren die Steuer festgesetzt werden. Auf diese Weise werden noch nach langer Zeit infolge späterer Heranziehung zur Steuer die sämtlichen Beträge eines oder mehrerer vergangener Jahre zusammen mit dem laufenden veranlagt. Dann gelten sie, wenn sie binnen drei Monaten, von der Veranlagung ab gerechnet, eingezogen werden, nach dem jetzigen Stande der Gesetzgebung, in bezug auf die Lohnbeschlagnahme, **alle** als bevorrechtigt. Man kann aus der sozialpolitischen Tendenz des LBG. nicht das Gegenteil mit dem Hinweise herleiten, daß es sich um ein Privileg des Fiskus handelt, das nicht erweitert werden darf gegenüber der ursprünglichen Absicht der Gesetzgeber. Wenn die Vorschrift als ein Sonderrecht des Fiskus auch strikt auszulegen ist, so darf das nicht zur Veränderung des Begriffes der Fälligkeit führen, wie er allgemein in Rechtswissenschaft und Steuergesetzen angenommen wird. Die Fälligkeit ist der Zeitpunkt, von dem ab der Gläubiger die Leistung verlangen kann, der Schuldner sie machen muß; sie kann mit der Entstehung des Anspruches zusammenfallen, muß es aber nicht. Der Anspruch selbst kann schon in einem viel früheren Zeitpunkt entstanden sein; fällig wird er erst, wenn Erfüllung gefordert werden kann[1]). Daher wird, wenn auch eine Steuerpflicht an sich schon früher bestehen mag, eine Steuerschuld erst durch die mit der Benachrichtigung des Steuerpflichtigen sich vollendende Veranlagung zu einem bestimmten Steuersatze überhaupt begründet und fällig, und zwar dann eventuell wegen der ganzen Steuerbeträge des laufenden Jahres, aber auch wegen der im Wege der Nachsteuer festgesetzten Beträge vergangener Jahre. Damit ist dann auch die bevorrechtigte Lohnbeschlagnahme wegen dieser Beträge zulässig.

Diese Rechtsanschauung in der hier in Rede stehenden Frage bestätigt auch ein Bescheid des Preußischen Finanzministers vom

---

[1]) Planck, BGB. I Vorbem. VII zu §. 198 Anm. 1.

3. März 1908[1]). Wenn dieser trotzdem unter Nummer 3 es für unzulässig erklärt, nachträglich veranlagte fällige Steuerbeträge vergangener Jahre im Wege der Lohnbeschlagnahme gemäß § 4 Nr. 2 des Gesetzes beizutreiben, so rechnet er dabei in anerkennenswerter, aber nach dem Buchstaben des Gesetzes nicht einwandfreier Weise mit den Anschauungen der großen Masse, welche eine Ausdehnung der „fälligen Steuer" auf Steuerrückstände vergangener Jahre nicht gutheißt.

Indessen wird nicht überall die zwangsweise Beitreibung der Steuern in dieser Weise gehandhabt. Das Kommunalabgabengesetz gestattet keine solche Ausnahmen. Ob die Gesetzesvorschrift sonst einengend so ausgelegt wird wie in Preußen, hat sich nicht feststellen lassen. Immerhin ist es mit Rücksicht auf den § 4 Nr. 2 des Gesetzes angebracht, die Anschauung des preußischen Finanzministers gesetzlich festzulegen, ja vielleicht noch darüber hinausgehend, die Ausnahme vom Lohnbeschlagnahmeverbot zugunsten des Fiskus zeitlich dahin zu fassen, daß das Vorrecht nur Abgaben genießen, die nicht für einen länger als drei Monate vor der Lohnbeschlagnahme liegenden Zeitraum zu entrichten sind. Damit ist dann allerdings das Vorrecht der im Nachsteuerverfahren veranlagten Steuer fast ganz beseitigt. Indessen aus der Höhe der in Frage kommenden Steuer, der Rechtsanschauung der Gesetzgeber zur Zeit der Zulassung der Ausnahme und der Härte, welche eine plötzliche Beschlagnahme eines sehr großen Teiles des Lohnes zu Steuerzwecken für die wirtschaftliche Existenz des Arbeitenden zur Folge haben kann, rechtfertigt sich eine solche gesetzliche Einschränkung der Nr. 2. Der Steuerbehörde wird sie kaum großen Abbruch tun. Sie behält immer noch das Recht der Zwangsvollstreckung in den Lohn, soweit dieser für das Jahr allgemein pfändbar ist, und wird durch ein schnelles, vielleicht vorläufiges Veranlagungsverfahren die Zwangsvollstreckung wohl auch bevorrechtigt bewerkstelligen können, selbst wenn sie das jetzt bestehende privilegium odiosum fallen läßt.

[1]) Abgedruckt DJZ. 1909 S. 1201.

Teil II.

Der Schutz der Arbeitsvergütung bei Verfügungen des Arbeiters und dritter Personen.

Kapitel I.

Allgemeines.

Die Erkenntnis von der hohen Bedeutung des Lohnes im Wirtschaftsleben, seine ökonomische Zweckbestimmung als Mittel zur Erhaltung der Persönlichkeit des Arbeiters hat den Gedanken der Lohnsicherung[1]) geschaffen, das Bestreben gezeitigt, dafür zu sorgen, daß dem Arbeiter am Zahltage sein Arbeitsentgelt in voller bedungener Höhe wirklich zukomme, unberührt von jedem Eingriffe, woher er auch kommen möge. Der Gesetzgeber hat diesen Gedanken aufgenommen und dem Schutzbedürfnisse der Lohnforderung Rechnung getragen, indem er in Abweichung von den allgemeinen, das Recht der Schuldverhältnisse beherrschenden Regeln eine Reihe von Einzelvorschriften schuf, welche den Lohn zu schützen bestimmt sind.

So entstand die Vorzugsstellung der Lohnforderung im Konkurse und bei der Zwangsversteigerung von Grundstücken, so das Verbot der Lohnpfändung und der Verfügung über die Lohnforderung in unserem Gesetze, so schließlich das Aufrechnungsverbot gegen unpfändbare Forderungen im BGB. (§ 394). Es fragt sich aber, ob das Schutzbedürfnis bei Verfügungen über den Lohn im einzelnen so weit reicht, wie es ihm im Rechte zuerkannt ist.

Kapitel II.

§ 2 des Lohnbeschlagnahmegesetzes.

1. Verträge des Arbeiters zur Umgehung des § 1 (Abs. 1).

Das Lohnbeschlagnahmegesetz verbietet in § 2 alle Umgehungen des Gesetzes, in welcher Form sie immer auftreten. „Da über die in § 1 im öffentlichen Interesse gezogenen Grenzen

[1]) Sinzheimer, Lohn und Aufrechnung S. 1ff.

der Exekution nicht paktiert werden darf"[1]), so sind in seinem Absatz 1 alle Verträge mit Nichtigkeit bedroht, welche, mit dem Arbeitgeber oder dem Gläubiger geschlossen, unmittelbar oder auch nur mittelbar diesen Erfolg herbeizuführen bezwecken. Aber so unbedingt das Verbot des Absatzes 1 seinem Inhalte nach das Richtige trifft, so wird sein Wortlaut der Absicht des Gesetzgebers nicht gerecht. Denn nach dem Wortlaut der Vorschrift werden alle Verträge als rechtlich unwirksam erklärt, welche die Bestimmungen des § 1 ausschließen oder beschränken, also nicht nur, wenn sie das ganze Gebäude des Beschlagnahmeverbotes zerstören, sondern auch, wenn sie nur an einem seiner Grundpfeiler rütteln, eine seiner Bestimmungen, die Bestandteile des Ganzen bilden, zu erschüttern suchen. Es sind daher nicht nur der vorherige Verzicht des Schuldners auf das im öffentlichen Interesse erlassene Pfändungsverbot des § 1 des Gesetzes[2]), sondern auch Vereinbarungen nichtig, welche den Tag der Fälligkeit des Lohnes direkt verschieben oder die Einforderung des Lohnes beschränken bzw. ausschließen und dadurch den Zeitpunkt ändern, bis zu dem das Beschlagnahmeverbot sich erstreckt. Solche Verträge sollen aber gar nicht schlechthin von der Vorschrift des Absatzes 1 getroffen werden, sind auch nicht ohne weiteres im einzelnen Falle zu mißbilligen.

Sie bezwecken durchaus nicht oder wenigstens nicht stets eine Gesetzesumgehung. Die Vereinbarung über Änderung der Anstellungsbedingungen im Allgemeinen — dazu gehört die Verschiebung des Lohnzahlungstages im besonderen — sind wiederholt, selbst von den obersten Gerichten, als zulässig anerkannt worden: Jedermann kann als freier Herr seiner Arbeit die Anstellungsbedingungen auch nach Lohnbeschlagnahme und selbst dann ändern, wenn dies dem Pfandgläubiger zum Nachteile gereicht[3]). Zu den Verträgen über Beschränkung oder Ausschluß der Lohneinforderung zählt auch der Stundungsvertrag, der sowohl vor wie nach Fälligkeit der Verfügung vom Arbeiter mit dem Arbeit-

[1]) StenBer. III S. 587.

[2]) Falkmann S. 757, 675b; vgl. Müller, Pfändungspfandrecht S. 82ff.; OLG. 20, S. 375.

[3]) OLG. Hamburg, Hanseat. GerZtg., 1906 S. 284, Kammergerichtsurteil 4 U. 268 1905; RG. 67 S. 170, 69, 73 und andere.

geber geschlossen werden kann[1]). Dieser Vertrag verstößt in der überaus großen Mehrzahl der Fälle nicht gegen den § 1. Der Arbeiter geht ihn ein, um seinen Arbeitgeber zu stützen, ihn vielleicht vor der Zahlungseinstellung oder dem Konkurs zu bewahren und sich durch das Entgegenkommen seine Brotstelle zu sichern. Oft sieht er auch in der Stundung des Lohnes den Weg, der ihn am schnellsten in den Besitz seines Geldes setzt, und aus diesem Grunde bewilligt er Teilzahlungen neben der Festsetzung von Zahlungsterminen; er denkt also gar nicht daran, sich dadurch in Umgehung des Gesetzes die Lohnforderung gegen Beschlagnahme für einen weiteren Zeitraum sichern zu wollen. Wenn der Vertrag gar nach Einforderung des Lohnes geschlossen wird[2]), so kommt noch hinzu, daß eine Verlegung der Grenzen seines Schutzes gegen Beschlagnahme nicht mehr herbeigeführt zu werden braucht. Denn die Pfändbarkeitsgrenze ist bereits durch die Lohneinforderung selbst auf ungewisse Zeit hinausgeschoben. Die Stundung des Lohnes bis zum bestimmten neuen Fälligkeitstermin ist unter solchen Umständen, aber auch sonst eine Maßregel, die bezweckt, den Arbeitgeber an verabredete Zeiten zu binden und zur genauesten Innehaltung derselben anzuhalten.

Es ist nicht die Absicht des Gesetzes, diese Art von Verträgen mit Nichtigkeit zu treffen. Von einem „Paktieren über die Grenzen der Exekution" wird man, will man den Worten nicht Zwang antun, nur sprechen können, wenn vertraglich eine Abänderung des § 1 erstrebt und unmittelbar zum Gegenstand der Abrede gemacht wird, nicht aber bei Verträgen, die höchstens mittelbar eine Abänderung des § 1 nach sich ziehen können und

---

[1]) Da in Absatz 1 im Gegensatze zu Absatz 2 keine zeitliche Schranke für solche Verträge gezogen ist (ebenso Lotmar I S. 407), so rechnet Falkmann S. 771 Anm. 39 m. E. zu Unrecht nur die vor Fälligkeit geschlossenen zu den verbotenen.

[2]) Lotmar I S. 407 und Gewerbegericht 8. Jahrgang S. 64 vertritt den Standpunkt, daß der Ausschluß der Pfändung des Lohnes, welcher als Wirkung seiner Einforderung mit dieser eingetreten war, durch nachträgliche Stundung nicht wieder aufgehoben wird, „da die die Unpfändbarkeit setzenden Bestimmungen des § 1 des Gesetzes nach § 2 Abs. 1 nicht rechtswirksam durch Vertrag ausgeschlossen oder beschränkt werden können". Dem ist aber nicht beizupflichten. Es erscheint die Stundung nach Einforderung durchaus zulässig, wenn nicht in Rechte Dritter eingegriffen wird, ebenso Falkmann S. 771 Anm. 39 aus anderen Gründen.

wollen. Es besteht auch kein öffentliches Interesse — und nur dieses soll für die Anwendung des Absatzes 1 maßgebend sein[1]) — einen solchen Stundungsvertrag als nichtig zu erklären, sofern die Parteien aus Zweckmäßigkeitsgründen in ihrem beiderseitigen Interesse über eine spätere Zeit der Lohnzahlung sich verständigen.

Stundungsverträge können allerdings auch mit der Absicht geschlossen werden, unmittelbar eine Umgehung des Gesetzes und eine Hinausschiebung oder gar einen gänzlichen Ausschluß der Lohnbeschlagnahme herbeizuführen. Fälle dieser Art sind aber äußerst selten, z. B. folgende: Der Arbeitgeber, der den vom Arbeiter eingeforderten Lohn zunächst nicht zahlen konnte, ihn demnächst aber entrichten will, läßt sich auf Bitten des Arbeiters, dem eine Pfändung droht, zu der Vereinbarung bereden, den Lohn bis zur Aufhebung der Pfändung als gestundet zu behalten. Oder aber, angesichts einer drohenden oder ausgeführten Beschlagnahme kommen Arbeiter und Arbeitgeber überein, den am Zahltage nicht eingeforderten, daher nicht bezahlten und demzufolge pfändbaren Lohn dem Gläubiger als eingefordert hinzustellen und einen Stundungsvertrag abzuschließen. Derartige Handlungen verstoßen natürlich gegen Treu und Glauben, sie bilden ein bewußtes Zusammenarbeiten der Parteien zum Nachteile der Gläubiger und sind daher bereits nach allgemeinen Rechtsgrundsätzen als Verstöße gegen die guten Sitten nichtig. Es bedarf demzufolge nicht einer Bestimmung im Lohnbeschlagnahmegesetz, welche dies noch besonders zum Ausdruck bringt.

Im Gegensatz zu den eben genannten Verträgen bezwecken solche zwischen dem Arbeiter und dem Gläubiger, welche vor oder nach einer Lohnbeschlagnahme oder dem Zahltage des Lohnes geschlossen werden, stets eine Verschiebung, sei es eine Verkürzung, sei es eine Verlängerung des der Lohnforderung gewährleisteten Schutzes und bedeuten immer geradezu eine Ausschaltung der Bestimmungen des § 1 des Gesetzes, sind daher nach § 2 Abs. 1 stets nichtig. Fälle dieser Art sind z. B.: Der Arbeiter fordert den Lohn bei Fälligkeit abredegemäß nicht ein und ermöglicht auf diese Weise dem Gläubiger dessen Pfändung, oder der Arbeiter widerruft entsprechend der mit dem Gläubiger getroffenen Vereinbarung seine Erklärung der Lohneinforderung

[1]) StenBer. III S. 75, 587.

und verzichtet damit auf die Vorteile, welche er durch dieselbe sich zunächst gesichert hat.

Es erscheint geboten, den Wortlaut des Absatzes 1 dahin einzuschränken, daß nur unmittelbar bezweckte Gesetzesumgehungen deren Nichtigkeit nach sich ziehen, wenn man die ganze Vorschrift nicht schon als durch § 134 bzw. 138 BGB. überflüssig geworden erachtet und sich aus diesem Grunde zu ihrer gänzlichen Streichung entschließt.

2. Verfügungen des Arbeiters zum Zwecke der „Enteignung der Vergütung" (Abs. 2).

a) Das gesetzliche Verbot.

Im Regierungsentwurfe war der Absatz 2 nicht enthalten.

Die Motive zu § 2[1]) verwarfen geradezu die Beschränkung der Vertragsfreiheit, den Lohnanspruch betreffend: „Ein Verbot, wonach freiwillige Abtretungen, Verpfändungen, Anweisungen und Kompensationsverträge bezüglich nicht verdienter Löhne für völlig ungültig erklärt würden, erscheint nicht angemessen, weil dies in solcher Allgemeinheit zu weit geht, außerdem in das materielle Zivilrecht gehört." „Möglich bleibt, daß solche Verbindungen getroffen werden, um die Bestimmungen des § 1 zu umgehen. Daß dieselben dann unwirksam sind, folgt aus allgemeinen Grundsätzen." Aber die Reichstagskommission[2]) stellte sich auf einen anderen Standpunkt: „Die Ausdehnung, daß auch der Privatvertrag über die Enteignung zukünftiger Löhne unwirksam bleibe, fand man praktisch und konsequent, wenn nicht das Gesetz in Form von Verträgen umgangen werden soll."

„Bleiben Enteignungsverträge gültig, so würden sich bald die Formen einstellen, welche das Wesen der Beschlagnahme ermöglichen." Und in der Befürchtung, daß Mittel und Wege zur Umgehung des Gesetzes gesucht und gefunden würden, stimmte der Reichstag dem Beschlusse der Kommission zu und nahm dem Arbeiter jede Disposition über die Lohnforderung im Rahmen des § 1 des Gesetzes und damit in den meisten Fällen über sein ganzes disponibles Vermögen. Es geht diese Bestimmung, wie

---

1) StenBer. III S. 75.

2) eod. l. S. 587.

einleuchtet, viel zu weit. Weil Verfügungen des Arbeiters vielleicht zu Gesetzesumgehung führen können, sie ohne Untersuchung ihres konkreten Zwecks zu verbieten, enthält eine durch nichts zu rechtfertigende staatliche Bevormundung des Arbeiters! Gegen wirkliche Gesetzesumgehung schützt bereits, wie gezeigt, zur Genüge Absatz 1 des § 2 LBG. und § 134 BGB. Wenn aber die Lohnenteignungsverträge schlechthin getroffen werden sollen, selbst wenn sie eine Umgehung des Pfändungsverbots gar nicht bezwecken, so hat der Gesetzgeber dies wohl gewollt, aber seiner Absicht im Gesetzestexte keinen Ausdruck gegeben.

Abgesehen davon, geht auch eine solche Einengung der Vertragsfreiheit des Arbeiters über das allein maßgebende öffentliche Interesse hinaus.

b) Einschränkung des Verbots.

α) Dem Inhalte nach.

Der Staat hat nur ein Interesse daran, der Zerstörung von Arbeitsverhältnissen wie durch Pfändung, so durch Schulden vorzubeugen. Er darf daher nicht zu Verfügungen die Hand bieten, die dem Arbeiter die Lohnforderung entziehen oder verkümmern, d. h. Zwecken zugänglich machen, die außerhalb einer geordneten Lebens- und Wirtschaftsführung liegen; er hat den Arbeiter sicherzustellen gegen Gläubiger, die ihm allzuleicht einen Kredit geben, wie er seinen Verhältnissen nicht entspricht, ferner gegen Ausbeutung durch Arbeitgeber und vor eigener Unerfahrenheit oder Leichtfertigkeit, damit der Arbeiter durch seine Verfügung über seine Lohnforderung nicht auf eine schiefe Ebene gelangt, auf der es für ihn kein Halten gibt, und er nicht seine Stellung verliert; er hat u. a. also darüber zu wachen, daß zu seinen Gunsten in den Gesetzen aufgestellte Schutzvorschriften nicht im Wege von Vereinbarungen aufgehoben werden, z. B. §§ 63 HGB., 616 BGB., soweit deren Rechtsunwirksamkeit nicht schon in den Gesetzen selbst ausgesprochen ist, wie z. B. in § 119 RVO., § 93 AngestVG. Er hat aber kein Recht, ihm im Umfange des § 1 des Gesetzes jede Dispositionsfähigkeit über seinen Lohn zu nehmen, eine „Enteignung des Lohnes" zu verbieten. Denn für den Arbeiter, wie für jeden anderen ist ein gewisser Kredit zur Fortexistenz notwendig, und dieser läßt sich nicht immer durch persönliches Vertrauen erlangen, sondern setzt die Möglichkeit eines Zugriffs auf

Vermögen voraus; einen solchen Kredit dem Arbeiter einschränken, heißt seine wirtschaftliche Forterhaltung verhindern, ja unmöglich machen. Daher muß es dem Arbeiter ermöglicht sein, mit seiner Lohnforderung auf Kredit Waren zu entnehmen und auch eventuell ein bares Darlehn, z. B. bei Krankheiten in der Familie oder unvorhergesehenen Ausgaben, zu erhalten oder durch Verpfändung seines Arbeitsentgelts sich den Eintritt in eine Versicherung zu verschaffen und ähnliches. Diesen notwendigen, vom volkswirtschaftlichen Standpunkte aus gesunden Kredit darf das Gesetz nicht unterbinden, auch nicht dem Arbeiter, der nur ein geringes, nicht pfändbares Entgelt bezieht. Ebensowenig darf es ihm verwehren, Verabredungen mit dem Arbeitgeber über Verwendung eines Teils seines Lohnes zur Beteiligung an Wohlfahrtseinrichtungen für sich und seine Familie zu treffen und Lohnabzüge in Höhe der hierzu erforderlichen Beträge sich gefallen zu lassen. Der § 117 Abs. 2 GewO. gestattet dies bereits, und das Reichsgericht[1]) erklärt auch für den Bereich der Seemannsordnung sowie für alle dem § 2 unseres Gesetzes entsprechenden Tatbestände „nach herrschender Meinung" (?) derartige Verfügungen des Arbeiters für gültig. Ebensowenig kann etwas gegen die Rechtswirksamkeit der sogenannten Lohnbeschränkungsverträge[2]) eingewendet werden, derjenigen Verträge, durch welche sich der Arbeitgeber ausbedingt, den Lohn zur Befriedigung von Gegenforderungen „einzubehalten" oder für bestimmte Fälle als „verwirkt" anzusehen. Sie sollen später in anderem Zusammenhange noch ausführlich behandelt werden.

Es steht dem Arbeiter schon jetzt frei, Verfügungen über die Lohnforderung zu treffen, durch welche er sich ihrer nicht entäußert, z. B. einen Dritten mit deren Einziehung (ev. im Wege einer Inkassozession) beauftragt oder die Anrechnung gewisser Leistungen des Arbeitgebers auf den Lohn mit diesem vereinbart, sei es, daß er auf dessen Kosten Vermögensvorteile irgendwelcher Art, Feuerung, Lebensmittel[3]) und anderes erlangt oder Lohnvorschüsse[4]) von ihm erhalten hat. — In gewissem Umfange ist

---

[1]) JW. 13 S. 148[27].

[2]) Sinzheimer aaO. S. 92 ff.

[3]) Nach § 115 Abs. 2 GewO. und außerhalb des Gebiets der Gewerbeordnung schlechthin gestattet.

[4]) Vgl. S. 93 der Arbeit.

es ihm auch in den neuen Versicherungsgesetzen gestattet, alle in den Versicherungsverhältnissen begründeten gesetzlichen Ansprüche selbst dann zu übertragen oder zu verpfänden, wenn deren Pfändung ausgeschlossen ist (RVO. § 119 Abs. 2, AngestVG. § 93 Abs. 2), ein Zeichen, daß die Gesetzgebung der Verfügung über an sich unpfändbare Ansprüche nicht mehr so absolut ablehnend gegenübersteht, wie zur Zeit der Entstehung unseres Gesetzes.

Es ist dringend nötig, daß der Abs. 2 erheblich eingeschränkt wird; dies erheischt die schuldige Rücksicht auf den Schuldner und widerstreitet nicht dem öffentlichen Interesse. Ganz wird sich eine Bestimmung über die dem Arbeiter zu gewährende Vertragsfreiheit mit Bezug §§ 400 und 1274 BGB. nicht umgehen lassen, nachdem wir gesehen, daß in gewisser Höhe selbst dem am geringsten vergüteten Arbeiter nicht ganz seine Verfügungsfreiheit bezüglich seiner Lohnforderung genommen werden darf.

β) **Dem Umfange nach.**

Nach dem jetzigen § 2 Abs. 2 zieht das Pfändungsverbot eine Beschränkung der Vertragsfreiheit in gleichem Umfange nach sich; jede neue Einschränkung oder Ausdehnung der Lohnbeschlagnahme hätte daher nach den bisherigen Grundsätzen des Gesetzes eine weitere Minderung oder Mehrung der Vertragsfreiheit des Arbeiters zur Folge. Danach würde also der Arbeiter, der einen Lohn von nur 1500 M. für das Jahr bezieht, nicht über einen Pfennig seiner Vergütung frei verfügen dürfen und der mit einem Jahresgehalte von 3600 M. Angestellte (unter Zugrundelegung der Cohnschen Staffel) nur über den 700 bzw. 420 M. betragenden Gehaltsteil. Das erstere ist gänzlich ungerechtfertigt und daher unhaltbar, wie vorher dargelegt; aber auch letzteres kann nicht als richtig angesehen werden. *Der zwangsweisen Fortnahme eines Teils der Vergütung müssen andere Grenzen gesteckt sein als der freien Verfügung über die Lohnforderung.* Jene soll dem Arbeiter soviel belassen, daß er aus seiner Stellung nicht vertrieben wird, ihm also die Mittel zur Fortexistenz unter den gewöhnlichen Lebensverhältnissen verbleiben. Diese aber soll ihm die Mittel für unaufschiebbare, nicht nur laufende Ausgaben, auch zur Erfüllung von Pflichten verschaffen, welche außerhalb des Rahmens der alltäglichen Bedürfnisse liegen und doch unabweisbar sind. Der mit dem Jahresgehalt von 3600 Angestellte kann sehr wohl mit 2900 bzw. 3180 M. die alltäglichen Bedürfnisse im Falle einer Lohnbeschlagnahme decken, aber nicht mit 700 bzw. 420 M. notwendige außergewöhnliche Aufwendungen bestreiten, z. B. zum Zwecke der Erziehung der Kinder oder zur Hilfe eines kranken oder in Unglück geratenen nahen Familienmitgliedes. Er muß in Momenten, wo derartige Aufgaben an ihn herantreten, die Mittel hierzu durch Verfügung über den unpfändbaren Lohn auch dann sich zu verschaffen in der Lage sein, wenn der pfändbare Teil seiner Vergütung mit Beschlag belegt ist. Noch ein anderes kommt hinzu: Mängel, welche jedem, auch dem Cohnschen Systeme der Lohnpfändungsbeschränkung wegen der generellen Behandlung der Angestellten anhaften, weil jede Schematisierung sie mit sich bringen wird, können durch Gewährung von Verfügungsfreiheit sehr wohl ausgeglichen werden: „Auch[1]) wer ein hohes Gehalt bezieht, ist unter Umständen nur zu geringen Aufwendungen für seinen Beruf gezwungen, auch wer eine große Familie hat, kann unter Umständen den bedeutendsten Teil seines Einkommens entbehren, z. B. wenn deren Unterhalt anderweitig gesichert ist. Niemand kann solche besonderen Verhältnisse aber besser beurteilen als der Angestellte selbst. Darf er über sein Gehalt also in weiterem Umfange verfügen, als es der Beschlagnahme unterworfen ist, so ist er damit auch in der Lage, unrichtige Ergebnisse des gesetzlichen Prinzips, die vielleicht seine Kreditfähigkeit grundlos schmälern, zu korrigieren."

Cohn gelangt auf Grund dieser Erwägungen zu dem Ergebnisse, die höher gelöhnten, also wirtschaftlich stärkeren und meist auch erfahreneren Angestellten anders zu stellen als die geringer besoldeten, bei denen die Gefahr einer Ausbeutung des Leichtsinnes und der Not besonders groß ist und will ihnen in Ansehung des 1500 M. übersteigenden Teiles des Gehalts völlige Verfügungsfreiheit gewähren[2]), insoweit also den gegenwärtigen Rechtszustand aufrecht erhalten, allenfalls die Verfügungen durch Form- oder Registrierungszwang erschweren. M. E. geht dies

[1]) Cohn S. 64.

[2]) Im englischen Rechte ist im Gegensatze zu den Rechten der meisten europäischen Staaten die Lohnübertragung überhaupt nicht beschränkt (v. Zanten, Die Arbeiterschutzgesetzgebung in den europäischen Ländern, S. 54).

zu weit: Es kann solche Freiheit des Handelns allzu leicht zu Ausgaben verleiten, welche das Maß der Zahlungsfähigkeit des einzelnen übersteigen, allzu leicht zur Inanspruchnahme eines übermäßigen Kredits verlocken, der nachher teuer bezahlt werden muß. Die völlige Verfügungsfreiheit der genannten Angestellten über ihre 1500 M. übersteigenden Arbeitsentgelte birgt daher Gefahren in sich, denen vom volkswirtschaftlichen Standpunkte aus vorzubeugen ist. Es empfiehlt sich vielmehr, so vorzugehen, wie Frankreich, Belgien, Luxemburg und die Niederlande es getan haben, die Übertragbarkeit des Lohnes und damit seine Verfügbarkeit auf einen Teil desselben zu beschränken: In Frankreich [1]) darf unabhängig von der Höhe der Vergütung schlechthin ein Zehntel, auch wenn schon ein Zehntel beschlagnahmt ist, zediert werden; in Belgien [2]) zwei Fünftel neben ein Fünftel des gepfändeten Lohnes; dagegen darf in Luxemburg [3]) und den Niederlanden [4]) ein Fünftel des täglich 6 Frank bzw. 4 fl. nicht übersteigenden Lohnes und die darüber hinausgehende Vergütung zu zwei Fünfteln bzw. in voller Höhe übertragen werden.

Mir würde es angemessen erscheinen, im Anschlusse an die Cohnsche Staffel bei den Arbeitsentgelten im Gesamtbetrage von über 1500 M. das Doppelte für die Verfügungen der Arbeiter freizulassen, wie für die Pfändung in jedem einzelnen Falle, aber wenn eine Beschlagnahme besteht, die Verfügungen der Arbeiter nur in Höhe des allgemein pfändbaren Lohnquantums zu gestatten, also bei einem Gehalte von 3600 M. die Verfügungsfreiheit auf zwei Drittel bzw. zwei Fünftel des 1500 M. übersteigenden Betrages festzulegen, d. h. auf 1400 bzw. 840 M., und nur dann auf die Hälfte dieser Sätze herabzugehen, wenn und soweit in dieser Höhe gepfändet ist. Bei den Löhnen und Gehältern unter 1500 M., die ganz unpfändbar sind und bleiben, wird dagegen eine genügende Bewegungsfreiheit den Arbeitern eingeräumt sein, wenn ihnen zu ein Zehntel des Betrages die Verfügungsberechtigung zugestanden wird. Denn bei ihnen, die bisher bezüglich der Lohnforderung gänzlich verfügungsunfähig waren, gilt es im öffentlichen und in ihrem eigenen Interesse,

1) G. v. 12. Jan. 1895, Art. 2.
2) G. v. 18. Juni 1887, Art. 1.
3) v. Zanten S. 315.
4) Art. 1638g BGB.

sie vor leichtsinnigem, sowie unerfahrenem Handeln zu bewahren, damit sie nicht im Falle der Not von gewissenlosen Gläubigern ausgebeutet werden.

γ) Der Zeit nach.

Aber noch nach einer anderen Richtung hin wird die Vertragsfreiheit des Arbeiters eine Einschränkung erfahren müssen, dann nämlich, wenn seine Verfügungen über den Lohn, bis zur vollen Höhe des zulässigen Betrages vorgenommen, die Durchführung einer später erfolgenden Lohnbeschlagnahme beeinträchtigen. Solche Beeinträchtigungen werden für den bevorrechtigten Pfandgläubiger nur ganz ausnahmsweise eintreten. Das eine Zehntel des 1500 M. nicht übersteigenden Lohnes, über welches der Arbeiter verfügt hat, kann nicht störend auf die Pfandrechte der genannten Bevorrechtigten einwirken. Eher könnte es noch bei den höheren Löhnen und Gehältern der Fall sein. Aber hier ist zu erwägen, daß den Gegenstand der Verfügung zunächst der allgemein pfändbare Lohnteil bilden soll und entsprechend dem § 400 BGB. auch jetzt schon bildet und nur über diesen Betrag hinaus durch unseren Vorschlag ein weiteres den unpfändbaren Lohnteil betreffendes Verfügungsrecht in nicht großem Umfange vorgesehen ist. — Da die Vorausverfügungen des Arbeiters aber doch im einzelnen besonderen Falle die Rechte der bevorrechtigten Pfandgläubiger beeinträchtigen könnten, empfiehlt es sich, sie in der hier vorliegenden Frage den nicht bevorrechtigten Gläubigern gleich zu behandeln, deren Befriedigung durch Vorausverfügung der Schuldner ernstlich gefährde-wird: Für sie ist in solchem Falle das Exekutionsobjekt, der allein pfändbare Lohnteil, nicht mehr vorhanden. Er ist mit der Übertragung aus dem Vermögen ihres Schuldners ausgeschieden und da die Gläubiger dessen Rechtslage nehmen müssen, wie sie bei Eintritt ihrer Pfändung vorliegt, so haben sie durch die vorherige Verfügung des Arbeiters ihr Anrecht auf Befriedigung aus dem Lohne tatsächlich eingebüßt, es müßte denn sein, daß sie die Verfügung auf Grund des Reichsgesetzes vom 21. Juli 1879 oder als Scheingeschäft anfechten können. — Ein böswilliger Schuldner wird daher mit Leichtigkeit die Rechte seines Gläubigers auf Befriedigung aus dem Lohn für sehr lange Zeit hinfällig machen können. Diesem nützt dann die Möglichkeit, eine Beschlagnahme jederzeit auszubringen und die Anwartschaft auf Befriedigung auf Grund einer solchen recht wenig, wenn er eine Befriedigung selbst erst von dem weithinausliegenden Zeitpunkte an erlangt, in dem die Rechte des Vertragsgegners seines Schuldners enden. Daher wird es nötig sein, nicht nur die Höhe des für den Arbeiter verfügbaren Betrages festzustellen, sondern auch die Zeit zu bestimmen, für welche Vorausverfügungen mit rechtlicher Wirksamkeit vorgenommen werden können.

In dieser Beziehung empfiehlt es sich, nicht über den Zeitraum von vielleicht zwei Monaten hinauszugehen und vielleicht auch weiter eine neue Verfügung über den Lohn nicht eher zuzulassen, als bis die Spanne Zeit, für welche die erste wirkte, verstrichen ist, vielleicht sogar eine Übertragung an denselben Gläubiger mehrmals hintereinander zu verbieten. Indessen schon das Verbot einer Vorausverfügung für längere Zeiträume gewährt einem Gläubiger die Möglichkeit, auf Grund einer Pfändung des Lohnes in absehbarer Zeit befriedigt zu werden.

Wenn nur ein Teil der Arbeitsvergütung und auch dieser nur zeitlich beschränkt den Zwecken der freien Verfügung des Arbeiters zugänglich gemacht wird, so muß auch eine Gewähr dafür geschaffen werden, daß der Arbeiter nicht über dieses Maß hinaus Dispositionen trifft. — Die Einführung des Registerzwanges für die Verfügungen ist gewiß nicht von der Hand zu weisen[1]. Diese Publizität wirkt natürlich viel Gutes, weil sie dem Gläubiger jederzeit Klarheit über die wirtschaftliche Lage des Arbeiters verschafft und einen Riegel der übermäßigen Belastung der Lohnforderung vorschiebt. Indessen wird billiger und ebensogut dieser Erfolg erreicht, wenn die Rolle des Richters dem Arbeitgeber zugewiesen wird. Es könnte bestimmt werden, daß die Verfügungen des Arbeiters erst rechtswirksam werden durch Anzeige an den Arbeitgeber, der seinerseits nur auf die Verfügungen Zahlung leistet, die das zulässige Maß nach Umfang und Zeit nicht überschreiten, im entgegengesetzten Falle aber dem Beteiligten unter Mitteilung der Sachlage Kenntnis davon gibt, daß er ihre

[1]) Nach einem Entwurfe zur Ergänzung des französischen Gesetzes vom 12. Januar 1895 vom Jahre 1910 wird die Verfügung erst rechtswirksam durch Eintragung in ein vom Friedensrichter geführtes Verzeichnis, der seinerseits dem Arbeitgeber und dem neuen Gläubiger von der Verfügung Mitteilung zu machen hat. Chambre des Députés No. 66. Session de 1910.

Verfügung nicht als rechtswirksam anerkennen könne. Dann müßte es den Beteiligten freigestellt sein, die Entscheidung des Vollstreckungsrichters hierüber auf Grund mündlicher Verhandlungen herbeizuführen.

Kapitel III.

Das Aufrechnungsverbot.

(§ 394 BGB.)

Zu den nach § 2 Abs. 2 LBG. und in dessen Rahmen gemißbilligten Verfügungen des Arbeiters zählt die Aufrechnung mit der Lohnforderung, ebenso die Aufrechnung des Arbeitgebers gegen den Vergütungsanspruch des Arbeiters, soweit sie mit dem Willen des Arbeiters in Form einer Arbeitsordnung oder eines Vertrages erfolgt. — Dagegen wird die wider den Willen des Arbeiters von seiten des Arbeitgebers versuchte Aufrechnung gegen die Arbeitsvergütung, die sogenannte Zwangsaufrechnung, von § 2 nicht berührt und wäre daher zulässig, wenn nicht die Gesetzgebung den Gedanken der Lohnsicherung auch auf diesen Fall ausgedehnt und in § 394 BGB. die Aufrechnung gegen jede der Pfändung nicht unterworfene Forderung und damit auch gegen die Lohnforderung in den Grenzen des § 1 unseres Gesetzes als „Selbstexekution[1]) in eine der Exekution selbst entzogene Forderung" — von wenigen Ausnahmen abgesehen — für nichtig erklärt hätte.

Die[2]) Fortbildung der Lohnsicherung, der wir hier begegnen, beruht zweifellos auf einem richtigen gesunden Gedanken und birgt einen guten Kern in sich. Die wirtschaftlich schwache Stellung des Arbeiters gegenüber dem Starken, dem Arbeitgeber, soll gefestigt, es sollen nicht die Gebote des Starken dem Arbeiter in einem Vertrage, den er zu schließen vermöge seiner Lage sich genötigt sieht, aufgezwungen werden. Und wenn es auch dem Arbeitgeber durch die der Privatwillkür entzogene Vorschrift des

---

[1]) Motive zum BGB. II S. 113.

[2]) Sinzheimer, Lohn und Aufrechnung S. 119ff.

§ 394 so gut wie versagt ist, wegen berechtigter Gegenforderung befriedigt zu werden — sie ist meistens uneinbringlich, sofern sie nicht vom Lohne des meist vermögenslosen Arbeiters gekürzt werden kann —, so soll doch nicht aus diesem Grunde die Berechtigung des in dem Verbote wirkenden Rechtsgedankens angegriffen werden. Denn, wie Sinzheimer[1]) zutreffend hervorhebt, ist das Interesse an der Erhaltung des zum Leben notwendigen Unterhalts des Arbeiters sozial wichtiger und deshalb höher zu werten, als das reine Geldinteresse des Arbeitgebers an Realisierung seiner Forderung, zumal nicht zu leugnen ist, daß die sichere Gewähr auf den vollen Lohn, welche das Aufrechnungsverbot, wie das Pfändungsverbot dem Arbeiter für getane Arbeit bietet, dessen Arbeitslust anspornt, die Intensität der Arbeit fördert und damit auch insoweit den Interessen des Arbeitgebers dient. Aber alles dies wiegt nicht entfernt die Nachteile auf, welche die Vorschrift für beide Teile im Gefolge hat. Das Anrecht des Arbeiters auf den durch nichts zu schmälernden Genuß der vollen Arbeitsvergütung selbst bei Zuwiderhandlungen gegen seine Pflichten und Interessenschädigung des Arbeitgebers wirkt auf ihn demoralisierend, erschüttert aber auch gleichzeitig die Stellung des Arbeitgebers ihm gegenüber und führt eine Gefährdung der Aufrechterhaltung geordneten Betriebes herbei: Wenn[2]) der Arbeiter den Lohn im vollen Betrage fordern kann, trotzdem er eine unerlaubte Handlung begangen hat, so verstößt das in bedenklicher Weise gegen die Grundsätze von Treu und Glauben; wenn er weiter den vollen Lohn für die bewirkte Arbeitsleistung erhält, obwohl er den Vertrag nicht ausgehalten hat, so bildet dies einen Antrieb zum Vertragsbruch. Und wenn der Arbeitgeber schließlich kein Recht hat, in dem letzten Falle eine Geldstrafe, deren Erhebung ihm das Recht gestattet, vom Lohne des Arbeiters abzuziehen, so liegt darin eine Bedrohung der Disziplin im Arbeitsbetriebe, deren große Arbeitsstätten nicht entraten können.

Was Wunder, daß die Arbeitgeber gegen diese Pflicht zur Barzahlung des vollen Lohnes in solchen Fällen, wo ihnen Gegenforderungen zustehen, nach Rechtsbehelfen Umschau gehalten haben, um den schweren Gefahren vorzubeugen, welche durch Anwendung

[1]) aaO.

[2]) Vgl. Sinzheimer S. 121.

des § 394 in Verbindung mit § 1 und 2 LBG. für sie entstehen. Zahlreiche Vertretungen des Handels und Gewerbes haben sich daher in Eingaben[1]) an die gesetzgebenden Faktoren mit der Bitte um Abhilfe, d. h. um Aufhebung des Aufrechnungsverbots gegenüber unpfändbaren Lohnforderungen im Interesse einer gesunden Fortentwickelung des Rechts gewandt. Darauf hat nun in einer Sitzung der Petitionskommission des Reichstages[2]) die Reichsregierung durch Vertreter des Reichsjustizamtes und des Reichsamtes des Innern am 4. Mai 1911 eine Erklärung abgegeben, der Arbeitgeber sei durchaus nicht schutzlos, er könne zwar mit seine Schadensforderung nicht aufrechnen, aber sehr wohl sei er berechtigt[3]), das Zurückbehaltungsrecht gegenüber der Lohnforderung des Arbeiters geltend zu machen, falls ihm ein Schadensersatzanspruch gegen denselben auf Grund des Arbeitsverhältnisses erwächst und erreiche dadurch, daß er nur gegen gleichzeitige Befriedigung seines Ersatzanspruches zur Zahlung des Lohnes verurteilt werden könne, wie sich aus § 274 BGB. ergebe. Bei allen Gegenforderungen des Arbeitgebers aus diesem Verhältnis, also insbesondere wegen Beschädigung des demselben überwiesenen Arbeitsgeräts, des ihm zur Verarbeitung übergebenen Materials, wegen Veruntreuung von Geldern u. dgl., sind nach Ansicht der Regierung die Voraussetzungen für die Anwendbarkeit dieses Behelfes gegeben. Weder aus § 394 BGB. noch aus der besonderen Natur des Arbeitsverhältnisses folge der Ausschluß des Zurückbehaltungsrechtes gegenüber unpfändbaren Forderungen. Dieser Rechtsstandpunkt wurde auf die Verschiedenheit der Voraussetzungen der Aufrechnung und des Zurückbehaltungsrechtes begründet, vornehmlich darauf, daß es besonderer Vorschriften bedurft hätte, um entgegen den allgemeinen, für zweiseitige Verträge geltenden Grundsätzen des BGB. die Lohnforderung von der Einrede des Zurückbehaltungsrechts loszulösen, und sodann auch auf die Stellungnahme des Reichsgerichts zu der streitigen Frage in einem nicht abgedruckten, daher wenig bekannten Teile der Entscheidung vom 17. Febr. 1903

[1]) Zeitschrift für Handel und Gewerbe, Jahrgang 18, S. 213, 400, 530.

[2]) Ebenda, S. 656.

[3]) Jedoch ist die Frage nach der Zulässigkeit desselben gegenüber unpfändbaren Lohnforderungen lebhaft umstritten und die Literatur über diese Streitfrage ist zu einer überaus großen angewachsen (vgl. S. 60 m. l.).

gestützt[1]). Gleichzeitig wurde vom Regierungsvertreter die Hoffnung ausgesprochen, daß die Rechtsprechung dieses obersten Gerichtshofes durch diese Verhandlung mehr bekannt werden und einen Einfluß auf die Urteile der zumeist mit der Frage befaßten Gewerbe- und Kaufmannsgerichte ausüben würde.

Auf Grund dieser Erklärung der Reichsregierung nahm die Kommission und der Reichstag damals von weiteren Schritten Abstand. Wenn diese Äußerungen auch zweifellos klärend in der streitigen Frage wirkten, so war es doch nicht richtig, die Wirkung dieser Worte in der Rechtsprechung abzuwarten und die Petitionen der Handelswelt einfach zur Tagesordnung zu verweisen, zumal das Reichsgericht in einer früheren, allerdings unter der Herrschaft des alten Rechtes ergangenen Entscheidung[2]), aber aus Gründen, welche aus der unveränderten Wesenheit des Zurückbehaltungsrechts abgeleitet werden, einen dem obengenannten Urteile entgegengesetzten Standpunkt eingenommen hatte und auch die Worte des Regierungskommissars in der Verhandlung ergaben, daß er in der Sache selbst sich auf die Seite der Arbeitgeber stellte und nicht abgeneigt war, in den gedachten Fällen Ausnahmen vom Verbote des § 394 zuzulassen, wenn die Gerichte sich nicht der von ihm vertretenen Ansicht anschlössen. Tatsächlich hat sich „die Erwartung, daß die Erklärung des Reichsjustizamts genügen werde um eine Änderung der Praxis der Gewerbe- und Kaufmannsgerichte herbeizuführen, denn auch bis jetzt nicht erfüllt. Von einzelnen Ausnahmen abgesehen, haben gerade die in den Großstädten tätigen Sondergerichte ihren früheren Standpunkt im Gegensatz zu der Auffassung des Reichsjustizamts aufrecht erhalten und die benachteiligten Arbeitgeber auch fernerhin zur Lohnzahlung verurteilt . . . obwohl sie in mehreren Fällen ausdrücklich das Zurückbehaltungsrecht geltend gemacht und auf die Erklärung des Reichsjustizamts hingewiesen hatten"[3]). Sie stützen ihre Rechts-

[1]) Diese (RG. 55 S. 1) erklärt dazu nur: „Zwar war die Forderung des Klägers, da das Gehalt vierteljährlich im voraus zu zahlen ist, am 1. Okt. 1901 fällig. Das Berufungsgericht hat aber in richtiger Anwendung des § 273 BGB. den Beklagten für befugt erklärt, die geschuldete Leistung zu verweigern, bis der Kläger den unterschlagenen Betrag von M. . . erstattet" (III 453, 1902).

[2]) RG. 21 S. 292.

[3]) Zeitschrift für Handel und Gewerbe, Jahrgang 20, S. 574: Rundschreiben des Vereins Deutscher Spediteure an die Handelskammern vom 28. Dezember 1912 und deren Antworten.

ansicht auf Urteile von Oberlandesgerichten, welche die Zulässigkeit des Zurückbehaltungsrechts in den streitigen Fällen als Verstöße gegen die Logik und mit den Zwecken des Arbeitsvertrages unvereinbar hinstellen [1]). Wie Düringer-Hachenburg [2]) hat auch Staub [3]) sich jetzt ihrer Ansicht angeschlossen und stellt als herrschende Ansicht einer in ihren Gründen überzeugenden Rechtsprechung die Unzulässigkeit des Rechtsbehelfs hin. Unter diesen Umständen ist es für die Reichsregierung an der Zeit, in der streitigen Frage einen entscheidenden, allem Streite ein Ende bereitenden Schritt zu tun. Hier bei der Reform des LBG. bietet sich die Möglichkeit, eine Bestimmung in § 2 einzuflechten, durch welche die Rechte des Arbeitgebers vertragsuntreuen, gewissenlosen, ja verbrecherischen Arbeitern gegenüber gewahrt und ein- für alle Male durch Gewährung der Aufrechnung gegen die Lohnforderung festgelegt werden.

Zugunsten der Aufhebung des Verbots auf dem Gebiete des Arbeitsvertrages sprechen auch folgende Tatsachen:

1. Der Ausschuß des Kaufmannsgerichts Berlin [4]), der sich aus Kaufleuten und Handlungsgehilfen zusammensetzt, faßte am 5. März 1909 den Beschluß, dem § 394 BGB. einen Zusatz hinzuzufügen, inhalts dessen „eine Aufrechnung gegen Lohn und Gehalt für Beträge, um die ein Angestellter seinen Dienstherrn durch Diebstahl, Betrug oder Unterschlagung vorsätzlich geschädigt hat, zulässig ist". In der Begründung wurde das Gegenteil als dem Gerechtigkeitsgefühle widersprechend erklärt.

2. Wie Sinzheimer feststellt [5]), nimmt der Verkehr zwischen Arbeiter und Arbeitsherrn kaum noch von dem zwingenden Charakter des Aufrechnungsverbots Notiz. „Es ist schwer, eine Arbeitsordnung zu finden, die nicht mindestens einen Verstoß hiergegen enthält." Hierbei ist nicht immer gerade von Aufrechnung die Rede. Meistens wird davon gesprochen, daß der Arbeitsherr berechtigt sein soll, sich „aus dem Arbeitslohn bezahlt zu machen" oder „sich an ihm schadlos zu halten". Und selbst in Arbeits-

---

[1]) Gewerbearchiv 1910 S. 470 und OLG. Hamburg, Dresden s. Rechtsprechung 3 S. 352 und 18 S. 6.

[2]) HGB. § 59 Anm. 38.

[3]) HGB. Auflage 9 § 59 Anm. 47b.

[4]) Jahrbuch des Kaufmannsgerichts Berlin III S. 403.

[5]) aaO. S. 36ff.

ordnungen, die von Arbeitern als wünschenswert vorgeschlagen werden[1]), finden sich solche Verstöße gegen § 394, ja selbst der Staat geht als Arbeitgeber über die zwingende Norm hinweg, wie der Erlaß[2]) der Preußischen Eisenbahnverwaltung vom 26. November 1899 und 31. Januar 1900 ergibt.

3. Nicht nur § 394 BGB. gestattet den Kranken-, Hilfssterbekassen und Knappschaftskassen die Aufrechnung gegen ihre Leistung wegen geschuldeter Beträge. Neuere Reichsgesetze lassen ebenfalls die Aufrechnung zu: vornehmlich die Reichsversicherungsordnung vom 19. Juli 1911 in §§ 119, 223, 622, 955, 1117, 1375 und das Angestelltenversicherungsgesetz vom 20. Dezember 1911 in § 94. Die Ansprüche der Berechtigten dürfen von der Kasse aufgerechnet werden auf geschuldete Beiträge, gezahlte Vorschüsse, zu Unrecht gezahlte Kassenleistungen, Kosten des Verfahrens, Geldstrafen, Ersatzforderungen für Beiträge, die der Berechtigte bezog, aber an die Kasse zu erstatten hat.

4. Auch die ausländische Gesetzgebung hat nicht umhin gekonnt, dem Arbeitgeber in gewissem Umfange das Recht der Aufrechnung gegenüber dem Lohnanspruche also Lohnabzüge zu gestatten: Gerade das englische Recht[3]), welches jeder Lohn- und Gehaltspfändung sich widersetzt, mag es sich um Arbeitsentgelte von Matrosen, Schiffsjungen, Dienstboten, Arbeitern, Handlangern handeln, so daß niemand mehr den Versuch macht, eine solche Pfändung betreffs irgendeines Angestellten mit kleinen Bezügen auszubringen, hat aus praktischen Gründen die Zulässigkeit der Lohnabzüge in recht weitem Umfange gestattet, in viel weiterem als das französische[4]) und belgische[5]) Gesetz und wie auch die österreichische[6]) und unsere Gewerbeordnung[7]), welche mit geringen Abweichungen die Beträge für Lieferung von Lebensmitteln, Gerätschaften, Handwerkszeug, Materialien und ähnlichem bei der Lohnzahlung in Anrechnung zu bringen erlauben. Es ge-

---

[1]) Sinzheimer S. 37 Anm. 6.

[2]) Sinzheimer eod. und Anm. 7. Der Eisenbahnminister verneint darin den zwingenden Charakter der Vorschrift.

[3]) Truck Amendment act. von 1896 sect. 2 und 3.

[4]) Vom 12. Januar 1895.

[5]) Gesetz vom 18. August 1887.

[6]) Gesetz vom 8. März 1885 § 78.

[7]) §§ 115 ff.

währt das englische Gesetz wegen nachlässiger oder schlechter Arbeit oder wegen Beschädigung von Material und anderem Eigentume des Arbeitgebers schlechthin das Recht des Lohnabzuges, glaubt also gegen Übergriffe von Arbeitern dieses Sicherheitsventil nicht entbehren zu sollen. Ja, es ist noch weiter gegangen: Im englischen Rechte dürfen „Geldstrafen in einem den Umständen entsprechenden, nie über einen vertraglich festgesetzten Höchstbetrag hinausgehenden Betrage für Handlungen erhoben werden, welche dem Arbeitgeber Schaden oder Verlust oder Einstellung oder Störung des Betriebes verursachen können oder verursachen" und dürfen vom Lohne abgezogen werden [1]).

Wenn die Reichsregierung aber einer Abänderung des § 394 BGB. nicht zustimmen will — möglich, daß sie ihn bei der verhältnismäßig kurzen Geltungsdauer des Gesetzes als ein noli me tangere betrachtet —, so wird sie vielleicht sich bereit finden, den Lohnbeschränkungsverträgen volle Wirksamkeit zu verschaffen und mit ihnen auf diese Weise den Arbeitgebern ein Mittel in die Hand zu geben, um wenigstens die gröbsten Mißstände, welche das Aufrechnungsverbot gezeitigt hat, zu beseitigen. Und das wäre durchaus zu empfehlen.

Kapitel IV.

Die Lohnbeschränkungsverträge [2]).

Als solche werden Lohneinbehaltungs- und Lohnverwirkungsabreden bezeichnet. Erstere gestatten den Arbeitgebern zur Sicherung des Ersatzes eines aus vertragswidrigem Verhalten des Arbeiters erwachsenden Schadens oder einer für diese Fälle verabredeten Strafe, natürlich auch zu Wohlfahrtseinrichtungen, die Einbehaltung eines Teils des Lohnes bei den einzelnen Lohnzahlungen, letztere dagegen geben ihnen das Recht, in den genannten Fällen den Lohn in bestimmter Höhe als verwirkt zu

[1]) aaO. sect. 1/96.

[2]) Vgl. Sinzheimer S. 92ff.

betrachten. Beide Arten haben also ihren konkreten Grund in einem Vertragsbruche, in Beschädigung von Arbeitsgerät oder -material, in Säumnissen und Verfehlungen des Arbeiters, kurz in allem, was nur in Arbeitsverhältnissen einen Schadens- oder Strafanspruch begründen kann. Der Umfang ihrer Geltung ist nach dem jetzigen Stande der Gesetzgebung nicht zweifelsfrei. Zweifel entstehen[1]), ob sie im Bereiche der Gewerbeordnung außerhalb des Rahmens der §§ 119a, 134 Abs. 2 zulässig sind, Zweifel, ob nicht Bestimmungen des Zivilrechts die von der Gewerbeordnung und die nach §§ 339 ff. BGB. und § 348 HGB. nicht verbotenen Lohnbeschränkungsverträge ausschließen, so daß dieselben, sofern es sich um eine unpfändbare Lohnforderung handelt, überhaupt ungültig sind. Für die Zwecke dieser Arbeit kann die erstere Frage gänzlich unerörtert bleiben; bezüglich der zweiten sei folgendes angeführt: Bei Beratung und Annahme[2]) der §§ 119a und 134 GewO. ging der Reichstag von der unbegrenzten Zulässigkeit der genannten Verträge in unserem Rechte aus; er stützte sich dabei auf eine Äußerung des Regierungsvertreters, der erklärte, es fehle gegenwärtig an jeder Rechtsvorschrift, welche derartige Lohneinbehaltungen unzulässig erscheinen lasse, eine Rechtsansicht, die, wie sich zeigen wird, so wenig für das damalige Recht zutraf, wie sie für das heutige zutrifft.

Von den Bestimmungen des BGB. steht ihnen allerdings § 138 nicht entgegen. Wie sollten diese Verträge auch schlechthin unsittlich sein, da sie der Aufrechterhaltung der Ordnung und Sicherstellung der Leistungen des Arbeiters dienen? Das hindert natürlich nicht, daß sie im einzelnen Falle infolge unverhältnismäßig hoher Lohnentziehung den guten Sitten nicht entsprechen. — Auch § 394 BGB. findet auf sie keine Anwendung: Ihrem Wesen nach haben sie mit der Aufrechnung nichts zu tun, wenn sie auch indirekt als Ausschließungsgründe des Verbots tatsächlich wirken können. Die Lohnverwirkung ist ein an bestimmte Bedingungen geknüpfter Lohnerlaß[3]),

---

[1]) Sinzheimer S. 25.

[2]) StenBer. des Reichstages 1890, 191 S. 1690 ff., 2168, 2224, 2760 ff.

[3]) Wenn Landmann im Kommentar z. Gewerbeordnung VI. Aufl. S. 575 die Lohnverwirkung als durch Eintritt einer Resolutivbedingung verursachte Aufhebung der Lohnforderung ansieht, so ist das, in das System des Privatrechts eingestellt, eben nichts anderes als bedingter Lohnerlaß: Sinzheimer S. 114.

die Lohneinbehaltung[1]) eine Verpfändung der Lohnforderung mit der jedem Pfandrecht innewohnenden Berechtigung, Befriedigung aus ihr in bestimmten Fällen zu suchen. Das hat Sinzheimer treffend nachgewiesen[2]). Der Verlust oder die Herabminderung des Lohnes tritt daher bei diesen Verträgen als unmittelbare Folge der Verpfändung oder des Erlasses ein, unter Umständen sogar, ohne daß es auf Bestand oder Höhe einer Gegenforderung irgendwie ankommt, z. B. bei Kontraktbruch.

Die Erkenntnis des Wesens der beiden Verträge leitet aber sofort zur Beantwortung der Frage ihrer Rechtsgültigkeit nach früherem und heutigem Rechte hinüber: Als Verpfändung und Erlaß einer unpfändbaren Forderung sind sie jetzt nach § 2^2 LBG. nichtig, wie sie es schon bei Entstehung der §§ 119a, 134 GewO. im Jahre 1891 waren; denn sie stellen Verfügungen über die Lohnforderung von seiten des Arbeiters dar; die Lohnverwirkung unterliegt als solche auch nach § 1274 BGB. der Aufhebung.

Ihre Rechtsunwirksamkeit entspricht aber nicht dem Interesse der Allgemeinheit, auch nicht den heutigen Anschauungen über die Bewegungsfreiheit des Arbeiters seinen Lohn betreffend. Vom volkswirtschaftlichen Standpunkt ist es mit Freuden zu begrüßen, wenn der Arbeiter durch Gestattung der Einbehaltung eines Teils seiner Vergütung sich einen Sparpfennig schafft oder eine Kaution ansammelt oder die Mittel zum Beitritt in eine Pensions- oder ähnliche Kasse aufbringt. Auch sonst verdienen die genannten Verträge durchaus Billigung. Der arbeitsame, treue, ehrliche Arbeiter hat sie nicht zu scheuen, da sie ja nur den Hinweis auf die eintretenden Folgen vertragswidriger und unerlaubter Handlungen enthalten und nur im Falle schuldhaften Verhaltens Nachteile ihm bringen. Auch die Erwägungen des Gesetzgebers, welche zur Vorschrift des § 2 Abs. 2 führten, versagen angesichts dieser Verträge. Hier handelt es sich nicht darum, den Arbeiter vor sich selbst und vor Ausnutzung durch gewissenlose Arbeitgeber oder Dritte zu schützen, sondern darum,

---

[1]) Landmann faßt sie viel zu eng, wenn er (GewO. VI. Aufl. S. 372) sie für eine Abrede erklärt, auf Grund deren ein Teil des Lohnes vorläufig nicht ausgezahlt wird; die Zurückbehaltung ist nicht Selbstzweck, sondern nur Mittel zum Zwecke, nämlich „zur Sicherung" (§ 119a).

[2]) aaO. S. 97ff.

ihn zur Aufrechterhaltung der Ordnung und Sicherstellung der Arbeitsverträge anzuhalten sowie unerlaubten oder gar strafbaren Handlungen von seiner Seite vorzubeugen, somit um erhebliche zu wahrende öffentliche Interessen.

Tatsächlich sind die Verträge vielfach in Gewerbe- und Handelsbetrieben in Gebrauch und haben sich dort eingelebt; ihre Bestimmungen werden zum mindesten ohne Widerspruch ertragen, ein Zeichen, daß sich unter ihnen wohl leben läßt, weil man einsieht, daß sie als Ausflucht vor den Wirkungen des im Verkehr versagenden Aufrechnungsverbots angebracht sind.

Wie man sich aber im einzelnen zu den hier angeregten Reformen stellen mag — es soll und muß etwas geschehen, um den Arbeitgebern zu helfen, die sich bei dem heutigen Stande der Gesetzgebung in ihrer Stellung gegenüber den Arbeitern, also in Fragen von so eminenter, nicht nur pekuniärer, sondern auch sozialpolitischer Bedeutung als entrechtet ansehen.

Kapitel V.

Die Verrechnung von Lohnvorschüssen, insbesondere bei gleichzeitiger Lohnbeschlagnahme.

Die Lohnsicherung im deutschen Rechte, die wir kennen gelernt haben, bedarf nicht nur erheblicher Verbesserungen, sondern auch eines weiteren Ausbaues: Der Schutz der Arbeitsvergütung muß auch bei Verrechnung von Lohnvorschüssen dem Arbeiter unter allen Umständen gewährleistet werden. Es ist dies eine der wichtigsten Aufgaben, welche das neue LBG. zu erfüllen hat. Heute ist es dem Arbeitgeber mangels irgendeiner gesetzlichen Vorschrift gestattet, die Verrechnung der Vorschüsse so vorzunehmen, wie sie seinem Belieben oder bei Vereinbarung[1]) einer

[1]) Der Arbeiter, der die Zahlung eines Vorschusses mit dem Arbeitgeber vereinbart, trifft damit eine Verfügung über den noch nicht verdienten Lohn, nimmt also eine Rechtshandlung vor, welche unmittelbar auf die Lohnforderung einwirkt, aber keine nach § 2 des LBG. unwirksame. Denn die Vorschuß-

Tilgungsart seinem Wunsche entspricht. Er kann sogleich bei der nächsten Lohnzahlung diejenigen Abzüge machen, welche innerhalb der Grenzen der Vorschußleistung mit Rücksicht auf ihre Höhe, die Person des Arbeiters und seine eigene Wirtschaftslage ihm angemessen erscheinen; er kann also schon auf den Lohn der nächsten Lohnperiode oder -perioden ganz kürzlich vorgeschossene Beträge voll verrechnen. Es gibt keine Bestimmung, welche ihn zwänge, entgegen seinen eigenen Interessen dem Arbeiter auch nur einen kleinen Teil seiner Vergütung auszuzahlen, solange er nicht für seine Vorschüsse volle Deckung erhalten hat. Auf die Möglichkeit der wirtschaftlichen Fortexistenz des Arbeiters hat er nicht nötig, Bedacht zu nehmen. Natürlich treten in Fällen, wie den geschilderten, für den Arbeiter völlig unhaltbare Zustände ein. Er wird meistens die Arbeit niederlegen; denn er kann ohne Arbeitsvergütung nicht existieren. Der Arbeitgeber aber hat dann nicht nur in den meisten Fällen den Verlust seiner Forderung, sondern daneben, was schwerer wiegt, auch den Verlust einer tüchtigen Arbeitskraft zu beklagen. Solchen Folgen der Vorschußhingabe muß vorgebeugt werden.

Ebenso wie bei der Lohnpfändung dem Arbeiter die Mittel zur Ausfüllung seiner Stellung belassen werden müssen, ebenso muß bei der Vorschußverrechnung die Rücksicht auf Erhaltung der Lebensbedürfnisse des Arbeiters und seiner Familie obwalten. Diese Rücksicht ist höher einzuschätzen, als das Interesse des Arbeitgebers an der Einbringung seiner Geldforderung. Es muß dem Arbeitgeber daher die rechtliche Möglichkeit, sich wegen seines Vorschusses aus dem Arbeitslohne ganz nach seinem Willen zu befriedigen, entzogen werden; es darf ihm, gleichviel ob eine Vereinbarung über die Art der Tilgung vorgeschossener Beträge vorliegt oder nicht, nur gestattet werden, dieselben allmählich in ganz bestimmter Höhe auf dem Wege der Lohneinbehaltung einzuziehen. Eine solche Bestimmung erscheint zunächst hart, vielleicht sogar ungerechtfertigt, ist aber geeignet, eine ungesunde Kredit-

---

zahlung verkümmert oder entzieht ihm nicht seinen Lohn, enthält keine Enteignung der zukünftigen Vergütung. Bei ihr kommt — soweit nicht tatsächlich ein Darlehn vorliegt — eine Aufrechnung garnicht in Frage. Daher ist sie auch selbst in Höhe der 1500 M. für das Jahr nicht erreichenden Vergütung rechtswirksam und zulässig. JW. 12 S. 685; Lotmar I 392; GewGer. 9. Jahrg. 119; Rehbein II S. 319 Anm.; Sinzheimer S. 43; D. Jur.-Ztg. 1902 S. 47.

gewährung zu verhindern, und damit zugleich einen Schutz der Arbeitsvergütung herbeizuführen. Der Arbeitgeber, der sich leicht bereit finden läßt, dem Arbeiter, mit dem er zufrieden ist, bei Bedarf aus der Verlegenheit zu helfen, wird angesichts der beschränkten Möglichkeit, Lohnabzüge zur Deckung von Vorschüssen zu machen, zurückhaltender mit der Gewährung solcher werden und dies kann dem Arbeiter nur dienlich sein. Denn dieser wird mit einem beschränkten Kredite auskommen, wenn er es muß, während ein großer Kredit ihm leicht verhängnisvoll werden, ihn zu Ausgaben verführen kann, die das Maß seiner Zahlungsfähigkeit übersteigen. Die Beschränkung des Arbeitgebers bei Verrechnung von Vorschüssen auf die einzelnen Lohnraten des Arbeiters muß aber in Wegfall kommen, wenn das Arbeits- und Dienstverhältuis endet, bevor in der angegebenen Weise der ganze Vorschuß zurückerstattet ist. Keine Veranlassung dazu liegt allerdings bei Kündigung des Verhältnisses durch den Arbeitgeber vor. Er muß sich vorher klar werden, ob die Rückerstattung des Vorschusses durch Lohnabzug oder die Arbeitskraft des Arbeiters für ihn wichtiger und wertvoller ist. Dagegen ist es angezeigt, ihm bei Aufkündigung des Verhältnisses von seiten des Arbeiters das weitgehendste Recht auf den Arbeitslohn zuzusprechen: Die Rückerstattung des Vorschusses in Teilbeträgen hat der Natur der Sache nach die Fortdauer des Dienstverhältnisses zur Voraussetzung; bei Auflösung desselben durch den Arbeiter muß dem Arbeitgeber die Einbehaltung der ganzen letzten, nach Kündigung fälligen Raten vorbehalten werden, sonst kann der Arbeiter sich schnell zur Aufgabe seiner Stellung entschließen, wenn er den Arbeitgeber mit seinem lästigen Anspruch auf Lohnabzüge gegen Einbuße eines geringen Teils der letzten Lohnraten abschütteln kann.

Über die Höhe der zur Tilgung des Vorschusses *abzugsfähigen Beträge* treffen das belgische Gesetz vom 16. August 1887 und das mehrfach genannte französische Gesetz vom 12. Januar 1895 Bestimmung: das französische Gesetz gestattet für diesen Zweck Lohnabzüge in gleicher Höhe, in welcher es Lohnbeschlagnahme und -übertragung zuläßt[1]); das belgische dagegen setzt für Rückerstattung von Vorschüssen dieselbe Quote der

[1]) Bis zu ein Zehntel der Vergütung.

Vergütung fest, wie für deren Beschlagnahme[1]), aber die doppelte für deren Übertragung. Die Vorschrift des französischen Gesetzes verdient den Vorzug. In ihr liegt ein gesunder Gedanke, dem man folgen kann: In derselben Höhe, in welcher der Arbeiter zur „Enteignung des Lohnes" führende Verfügungen rechtswirksam treffen kann, in derselben muß es dem Arbeitgeber freistehen, für die Hilfe, welche er dem Arbeiter angedeihen ließ, auch gegen dessen Willen, sich aus seiner Vergütung bezahlt zu machen. Da wir dem Arbeiter das Recht einräumten, bis zu ein Zehntel der 1500 M. für das Jahr nicht übersteigende Vergütung im übrigen aber, wie S. 81 angegeben, frei über den Lohn zu verfügen, so darf auch der Arbeitgeber in dieser Höhe Abzüge vom Lohn zum Zwecke der Einziehung vorgeschossener Geldbeträge machen; Vereinbarungen dagegen, welche in höherem, als dem gesetzlich festgestellten Betrage Lohnabzüge gestatten, sind als nichtig zu erklären.

Im allgemeinen zieht der Eintritt einer Pfändung und das Verlangen des Pfandgläubigers auf Auskehrung des beschlagnahmten Lohnbetrages keine Änderung der vorgeschlagenen Verrechnungsart nach sich. Neben dem zugunsten eines Nichtbevorrechtigten beschlagnahmten Teile der Vergütung des Schuldners kann und darf in der gleichen Höhe eine Summe für die Verfügungen des Arbeiters und eine ebensolche für Abzüge des Arbeitgebers wegen geleisteten Vorschusses Verwendung finden. Dem mit einem Jahresgehalte von 3600 M. Angestellten, den wir schon öfter als Beispiel wählten, steht hiernach neben gepfändeten 700 bzw. 420 M. der gleiche Betrag zur eigenen freien Verfügung und ist der gleiche zwecks Vorschußtilgung vom Arbeitgeber abziehbar und selbst in dem gewiß ungünstigen Falle, daß in der angegebenen Höhe Gehaltspfändung, -übertragung und -kürzung gleichzeitig vorliegen, bleiben dem Arbeiter als unverheirateten 1500 M. und als Familienoberhaupt 1500 + 840 M. ($^2/_3$ von 2100 M.) in Summa 2340 M. zum Leben übrig. Dieses Ergebnis ist nur durch die Art der Verrechnung der Vorschüsse möglich, wie sie die rechtliche Natur des Vorschusses und die Absicht des Gesetzes bedingen: Der in Form eines Vorschusses vor der Arbeitsleistung vorweg gezahlte Gehalt oder

[1]) Ein Fünftel der Vergütung.

Gehaltsteil muß in den als pfandfrei dem Arbeiter zu belassenden Betrag einbezogen werden. Die Verrechnuug des Vorschusses auf den pfändbaren Teil des Gehalts würde dem Arbeiter von seiner Gesamtvergütung mehr als die ihm im Gesetze als pfandfrei vorbehaltenen Beträge belassen, und damit entgegen der Gesetzesabsicht seine wirtschaftliche Lage verbessern. Wenn aber die Pfändung den allgemein pfändbaren Teil der Vergütung erfaßt und daneben die Übertragung und die Kürzung den unpfändbaren, so können alle diese Rechtshandlungen nebeneinander bestehen. Der in dem gewählten Beispiele dem Schuldner als Familienoberhaupt alsdann noch verbleibende Betrag von 2340 M. übersteigt immer noch die dem Schuldner bei Pfändung eines bevorrechtigten Gläubigers in dem S. 60 fg. besprochenen Falle als angemessen belassene Kompetenz.

Auch die Pfändung eines Bevorrechtigten, welche nach der von uns aufgestellten Theorie stets zunächst den unpfändbaren Lohnteil erfassen und nur bei unzureichender Befriedigung aus demselben auf den allgemein pfändbaren Teil hinübergreifen soll (oder bei ausschließlich unpfändbarer Vergütung diese allein schmälern kann), wirkt nur dann störend auf die vorgeschlagene allmähliche Einziehung der vorgeschossenen Beträge ein, wenn der für diesen letzten Zweck und zur Befriedigung des Bevorrechtigten auszusondernde Teil der Bezüge des Arbeiters diesem letzten nicht mehr die ihm vom unpfändbaren Lohne stets freizulassende Kompetenz übrig läßt.

In diesem Falle läge es nahe, „dem besseren Rechte" den Zugriff auf den verfügbaren unpfändbaren Teil einzuräumen, dem Arbeitgeber, wenn er auf Grund einer Vereinbarung über die Tilgungsart des Vorschusses dem Bevorrechtigten im Rechte vorgeht[1]), und dem letzteren, wenn eine diesbezügliche Vereinbarung überhaupt nicht vorliegt oder erst seiner Pfändung zeitlich nachfolgte. Eine solche Entscheidung würde aber der Bedeutung der Vorschußleistung für die wirtschaftliche Forteristenz des Arbeiters nicht gerecht werden. Ohne Not hat der Arbeiter die Vorauszahlung eines Teiles seiner Vergütung vom Arbeitgeber nicht

[1]) Der Pfandgläubiger hat an sich den zur Zeit der Pfändung vereinbarten Verrechnungsmodus des Vorschusses zwischen Arbeitgeber und Arbeiter gegen sich gelten zu lassen, selbst wenn durch diesen seine Pfandansprüche zunächst illusorisch werden.

verlangt, ohne Not dieser sie nicht gewährt. Um dem Arbeiter in schweren Zeiten oder bei dringlichen Ausgaben zu helfen, hat er sich zur Hergabe der benötigten Gelder entschlossen; er hat die Vorschüsse dem Arbeiter gegeben, um sich weiter seine guten Dienste zu sichern, im Vertrauen darauf, daß die Beträge ihm bald wieder zufließen, er bei bestimmten Lohnzahlungsterminen die vorgeschossenen Gelder vom Lohne in Abzug bringen könnte. Sein Anspruch ist durchaus demjenigen des Pfandgläubigers, selbst des bevorrechtigten, gleichwertig: Der Pfandgläubiger kann seine Forderung nur durchsetzen, selbst wenn sie noch so dringend ist, insoweit der Arbeitgeber den Arbeiter beschäftigt und weil er ihn durch pekuniäre Hilfe in der Not in den Stand gesetzt hat, weiter seine Erwerbsfähigkeit zu verwerten und Vermögenswerte zu schaffen, aus denen der Pfandgläubiger Befriedigung erlangen kann. Der Arbeitgeber kann daher beanspruchen, daß seinem durch Geldopfer erkauften Verdienste, den Arbeiter arbeitsfähig und -freudig erhalten zu haben, selbst neben der Forderung eines Unterhaltsberechtigten Rechnung getragen werde. Diese Erkenntnis führt dazu, dem Arbeitgeber — auch bei Konkurrenz von bevorrechtigten oder nichtbevorrechtigten Pfandgläubigern — in jedem Falle ein Anrecht auf jede einzelne Lohnrate einzuräumen, allerdings nur ein beschränktes, damit auch ein dringender Anspruch des Bevorrechtigten nicht ohne Not verkürzt werde.

Wo der unpfändbare Teil der Vergütung aber nicht ausreicht, die beiden Beteiligten unter Aufrechterhaltung der Kompetenz des Arbeitsschuldners nebeneinander zu befriedigen, da wird der Arbeitgeber zunächst auch an den pfändbaren Teil für den Zweck der Vorschußtilgung sich halten dürfen; wenn dieser aber hierfür nicht bereitsteht, sei es, daß er von anderer Seite bereits beschlagnahmt oder überhaupt nicht vorhanden ist, da müssen beide Beteiligte von ihren an sich berechtigten Forderungen etwas nachlassen und mangels einer Einigung über die Art einer Tilgung die Entscheidung des Vollstreckungsrichters anrufen. Ein von ihm eingeleitetes Verfahren, in dem er ev. nach Anhörung der Beteiligten und Prüfung ihrer wirtschaftlichen Lage zu entscheiden hat, bürgt dafür, daß in unparteiischer, den Umständen des einzelnen Falles angepaßter Weise die Vorschußverrechnung vorgenommen wird.

Die vorgeschlagene Art der Vorschußverrechnung muß auch der Arbeiter, der ernstlich gewillt ist, dem Pfandgläubiger und Arbeitgeber gerecht zu werden, als eine richtige, zur Befreiung aus seiner schwierigen Lage geeignete anerkennen müssen. Denn sie sichert ihm jederzeit die Mittel zur Ausfüllung seiner Stellung und ermöglicht gleichzeitig eine Befriedigung seiner Gläubiger.

Schluß.

Wir sind am Ende unserer Betrachtungen angelangt und glauben, daß sie in vielfacher Hinsicht das Unzulängliche, Lücken- und Mangelhafte des LBG., aber auch seinen guten Baugrund für einen richtigen Neu- und Ausbau dargetan haben. Vielleicht werden nur wenige oder keine der gemachten Abänderungsvorschläge Aufnahme bei Neugestaltung des Gesetzes finden; immerhin werden sie dem Gesetzgeber als Fingerzeige für die Fragen dienen können, deren Beantwortung ihm bei Regelung der Materie obliegt.

So schwierig für ihn im einzelnen die Neuregelung ist, so heikel teilweise die Probleme sind, welche es zu lösen gilt, keinesfalls darf er sich darauf beschränken, nur wenige allgemeine Bestimmungen aufstellen und die Beantwortung von Einzelfragen der Rechtswissenschaft und -sprechung zu überlassen, wie es heutigen Tages gern geschieht. Ein solches Vorgehen schüfe hier eine bedenkliche Unsicherheit und Verschiedenheit in der Rechtsauslegung, welche um so weniger in dieser Materie am Platze ist, als eine Korrektur widersprechender Entscheidungen, durch eine gemeinsame höchste Instanz leider nach unserer ZPO. ausgeschlossen ist. In diesem Gesetze bedarf es ausführlicher und klarer, ins einzelne gehender Bestimmungen, welche eine richtige Anwendung des Gesetzes durch den Richter gewährleisten und auch den beteiligten Kreisen, insbesondere dem Arbeiter und Angestellten, das Verständnis für die Tragweite seiner Vorschriften voll und ganz eröffnen.

Mit der Neugestaltung des Gesetzes sollte man nicht mehr lange warten. Fragen, wie die der Pfändbarkeitsgrenze oder der Rechtsgültigkeit der 1500-M.-Verträge, welche von großer sozialer Bedeutung sind, dürfen nicht auf lange Jahre hinaus vom Gesetze unbeantwortet bleiben. Es widerspräche dies dem

Empfinden des Volkes und würde große wirtschaftliche Schäden mit sich bringen. Irgendein Grund zu einer Hinauszögerung der Umgestaltung des Gesetzes, etwa bis zu der Vorlegung einer neuen ZPO.[4]), liegt aber auch gar nicht vor. Ein innerer Zusammenhang mit der Reform des gesamten Zivilprozesses besteht für das LBG., welches auch jetzt in § 850 aaO. ein Sonderdasein führt, nicht. Es handelt sich um einen Gegenstand, der ohne jeden Nachteil herausgenommen und schon jetzt für sich allein geregelt werden kann und dessen baldige Regelung auch um deswillen von Vorteil wäre, weil es dann eingehender durchdacht und geprüft werden würde, als im Rahmen des großen Gesetzeswerkes einer neuen ZPO.

Aus allen diesen Gründen sollte die Reichsregierung nicht zögern, mit der Neuordnung der Materie schnell vorzugehen; sie würde sich damit den Dank vieler, vieler Tausende erwerben, die von der gesetzlichen Neuregelung allein das Heil erhoffen, den Ausweg aus der wirtschaftlichen Gefahr, von der sie durch das veraltete Gesetz ständig bedroht sind.

---

[1]) Die nach den Mitteilungen des Herrn Staatssekretärs des Reichsjustizamts vom Februar 1912 hinter die Reform des Strafrechts und Strafprozesses zurücktreten soll, also noch vielleicht fünf Jahre auf sich warten lassen wird.

Druck von A. W. Hayn's Erben (Curt Gerber), Potsdam.

Kolibri 360 GmbH
Ferdinand-Jühlke-Straße 7
99095 Erfurt, Deutschland
produktsicherheit@kolibri360.de